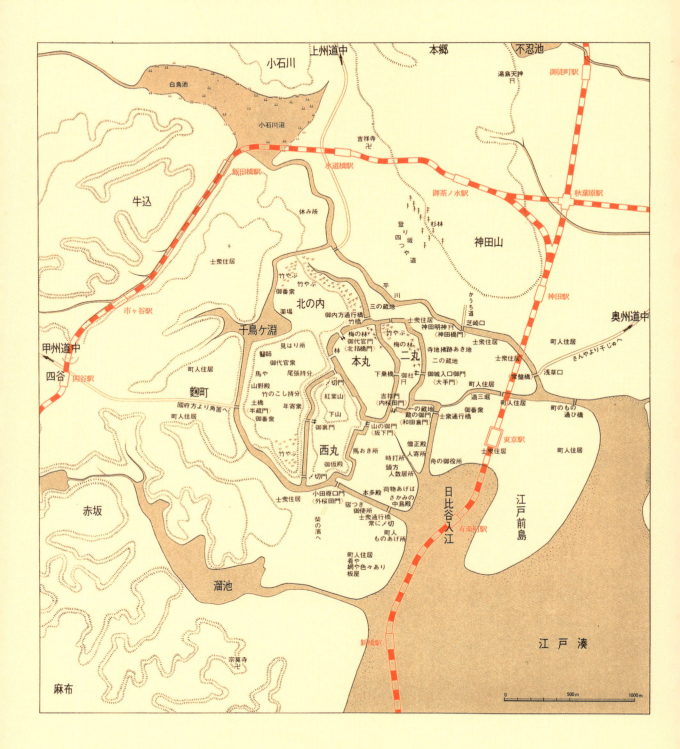

江户第一次建设

1602 年（庆长七年）左右——根据《庆长七年江户图》

<> 内是别称或后来的名称

▮▮▮▮ 是现在的 JR

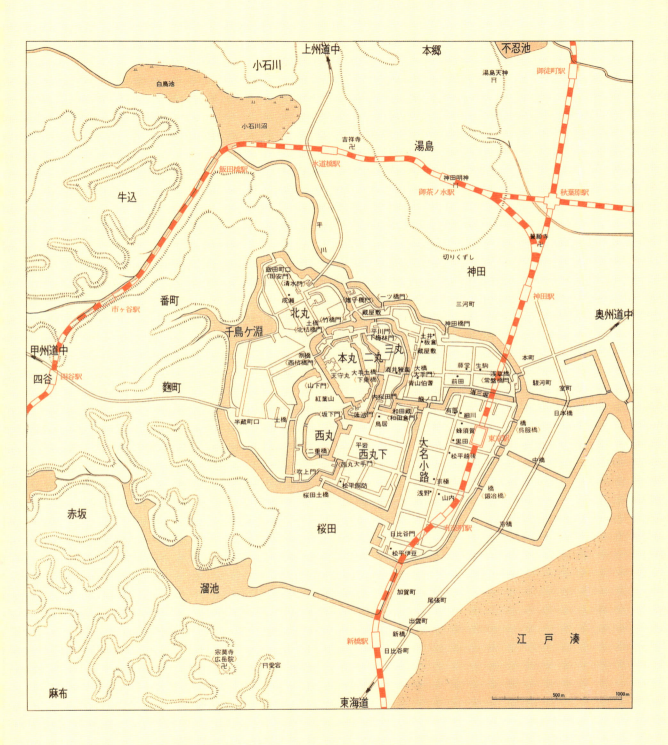

江戸第二次建设

1608 年（庆长十三年）左右——根据《庆长十三年江户图》

文
景
———
Horizon

江户町

（上）

大型都市的诞生

［日］内藤昌 著

［日］穗积和夫 绘

王蕴洁 译

K. Hozumi /'82

目　录

前　言

江户，就是东京的前身。

在古代，日本的首都设在平安京。794 年（延历十三年），日本以当时世界第一大都市——中国唐朝的首都长安为模板，建造了相当于四分之一个长安的平安京，这就是现在京都的雏形。

京都以西的地区，不仅和中国关系密切，而且其居民掌握了先进的农耕文化，因此，人们过着丰衣足食的田园生活。

京都以东的地区，山岳绵亘，极目荒野，少有人烟。而从京都有两条路可以前往京都以东的地区，一条是沿着太平洋的东海道，另一条则是贯穿中部山岳的东山道。

都鸟啊　既然你是都市之鸟
请问你　我心爱的人可安好

离开京都，沿东海道东进，有一座足柄山；沿东山道前进，必须越过碓冰峠[1]。足柄山以东的地区称为"阪东"，碓冰峠以东的地区称为"山东"，也就是今天的关东平原。

利根川从关东平原的中央穿过，每逢大雨，洪水泛滥，令百姓伤透脑筋。利根川像个"捣蛋的小和尚"一般到处撒野，百姓称之为"阪东太郎"，人们对它厌恶之至。

隅田川位在"阪东太郎"的下游。从京都千里迢迢沿着东海道而下的著名诗人在原业平（825—880），看到远处层峦叠嶂的筑波山和眼前汹涌的隅田川时，曾经如此吟唱：

或许是远离首都的寂寞，令他感到哀伤吧！每个熟悉京都文化生活的人，都绝对不想在关东的荒野定居。

事实上，京都人打心眼里鄙视关东人，称他们为"东夷"，意思是"东方的野蛮人"。但东夷擅长骑马驰骋在荒野上，一旦发生战争，更是所向披靡。成为武士的东夷表现卓越超群，被人们尊称为"阪东武士"，令人敬畏。

1192年（建久三年），镰仓幕府在阪东武士活跃的关东平原建立，拉开了日本中世武士巅峰时代的序幕。差不多在相同时期，历史上开始出现"江户"这个名称。

之后，太田道灌和德川家康在荒野上建造了江户的城下町[2]，江户逐渐发展成为日本第一都市，进而发展为世界上屈指可数的大型都市。当今东京这座城市的繁荣，正是江户发展的结果。

本书主要追溯江户町的建设过程，讲述日本人在都市建设方面灿烂而光荣的历史，同时，这也是一份令人心酸的失败记录。希望各位读者可以再度深切地体会：今日的东京，是在尝试错误的过程中建立起来的。

1　峠是山顶的意思。——译注（下文若无标注，则均为译注）
2　以封建领主居城为中心，在周围形成的市街。

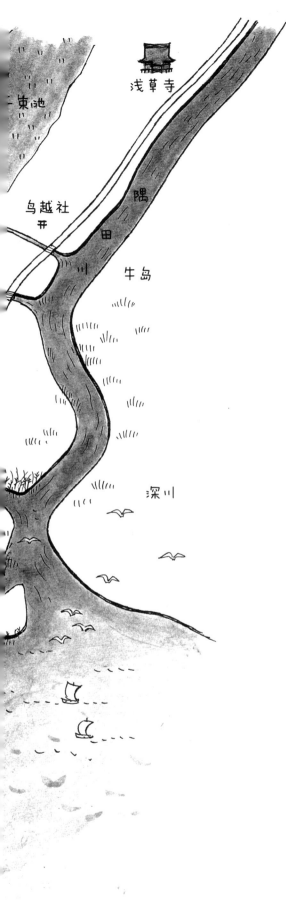

浅草寺

东池

乌越社

隅田川

牛岛

深川

江户原本的风貌

"江户"这个名字，"江"是海水进入陆地的意思，"户"是入口，指隅田川入海口附近的那一片低洼湿地。

江户的西侧是一片广大的台地——武藏野。古诗中曾经如此吟诵：

> 武藏野上　没有月亮的藏身之处
> 自草原而升　消失在草原上

正如诗歌所说的那样，武藏野是一片辽阔无际的原野，长满了芦苇和芒草。

武藏野台地可以细分为五个小台地，由西向东分别是品川台地、麻布台地、曲町台地、本乡台地和上野台地。在台地和台地之间，分别是山谷、沼泽、河流，还有流向江户港的河湾。其中，以日比谷湾最大，它风平浪静、湾水清浅，可以采收到许多海苔。人们在海中架起采收海苔的编竹（日语发音为 hibi），"日比谷"（hibiya）因而得名。

日比谷湾的前方是巨大的沙洲半岛，人们称之为江户前岛。江户前岛东侧的平川流域早有人居，并兴建了村落。

统治这一带的阪东武者栋梁（一家之长）是江户重长。他在面向平川的曲町台地东端建造了"江户馆"，在源赖朝建立镰仓幕府的时候，他是一位做出了卓越贡献的优秀武将。

太田道灌的江户城

　　到了室町时代的 15 世纪，江户由时任关东管领的上杉定正统治。他的重臣太田道灌于 1457 年（康正三年）在原本的江户馆旧址重新建造了江户城。

　　从建在高地上的江户城可以俯瞰整个日比谷湾，设计者巧妙地利用了局泽等地势较低的地方，挖掘护城河，形成子、中、外三层城郭。中城称为本丸，子城称为二丸，外城称为三丸。

　　本丸之内，以太田道灌的官邸静胜轩为中心，分别建造了可以遥望富士山白雪的含雪斋、

可以欣赏城下日比谷湾的泊船亭等。子城和外城中建有许多粮仓和马厩，还有两座望楼（橹）和五道石门，江户城由此被称为关东首屈一指的名城。

当时，京都经历了漫长的应仁之乱（1467—1477），已经变成了硝烟弥漫的战场，完全失去了往日平安京的面貌。许多学者和僧侣纷纷离开荒废的京都，来到天下闻名的江户城下，投靠太田道灌。

于是，位于平川南岸地的平川村逐渐热闹起来，形成了江户城下町。

平川河口有一座大桥名为"高桥"，河口一带是十分热闹的港湾城镇，来自全国各地的物产都聚集在此，除了白米、茶和鱼等生活物资以外，有时来自中国的中药也会在此交易。

然而，江户的繁荣并未持久。1486 年（文明十八年），太田道灌遭到主君上杉定正暗杀。太田道灌的猝逝，使得江户城下町渐渐没落萧条，回到以往穷乡僻壤的景象。

德川家康进入江户

在 1590 年（天正十八年）农历八月一日，"八朔"[1] 秋祭的那一天，德川家康进入江户城，开始正式统治关东。百姓称这一天为"关东御入国"和"江户御打入"，之后这一天也成为幕府的纪念日。

在那之前，丰臣秀吉打败了小田原的北条氏，完成了天下统一大业。身为丰臣秀吉手下武将的德川家康，得到了北氏的藩地关八州，也就

是武藏（东京都、埼玉县）、相模（神奈川县）、安房（千叶县）、上总（千叶县）、下总（千叶县、茨城县）、常陆（茨城县）、上野（群马县）和下野（栃木县）等整个关东地区，但丰臣秀吉收回了德川家康的旧藩地，即骏河（静冈县）、远江（静冈县）、三河（爱知县）、甲斐（山梨县）和信浓（长野县）五大藩国。

丰臣秀吉此举是为了让德川家康离开出身地

---

1 在农历八月一日这一天农家会举行祭祀活动祈愿丰收。

京都，奔赴遥远的乡下。他这么做，并非为家康着想。虽然德川家的重臣本多忠胜、榊原康政和井伊直政等人一致反对，但家康还是接受了丰臣秀吉的命令。

而且，家康放弃了镰仓、小田原等自古以来用以统理关东平原的大都市，选择落脚于更东方的江户。想必他一定在心中思考，因太田道灌而闻名天下的江户城，在城下町的高桥拥有一个良港，又坐拥辽阔的武藏野台地，日后一定有极大的发展空间。

德川家康入城时，江户城简直一片荒芜。虽然美其名为“城”，但完全看不到任何城墙，杂草丛生。城内的建筑物就像是木板葺顶的农舍，和山中小村的民房没什么两样，与织田信长金碧辉煌的安土城以及丰臣秀吉雕梁画栋的六城相比，显得格外破旧寒酸。

虽然江户城如此破旧不堪，德川家康仍感到十分满足。他简单地修补了漏雨的地方，开始在心中计划建设新的江户城和城下町。

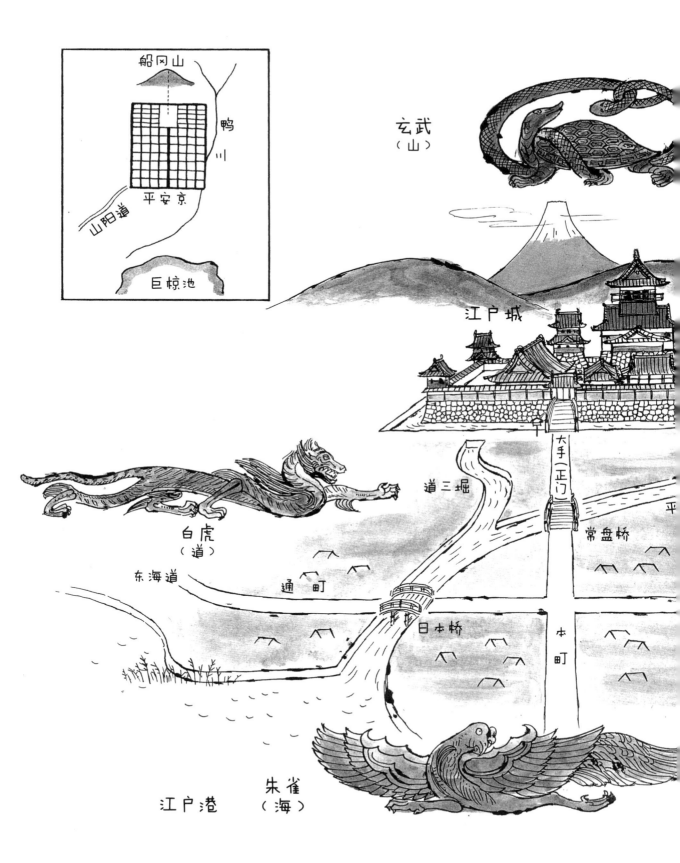

船冈山

鸭川

山阳道

平安京

巨椋池

玄武
（山）

江户城

道三堀

大手（正门）

常盘桥

平

白虎
（道）

东海道

通町

日本桥

本町

江户港

朱雀
（海）

14

都市规划的原理

中世的城郭通常建在山上，称为"山城"，可避免战争时期直接受到敌军攻击。然而和平年代山城难以开展政治活动、发展工商业，也无法丰富百姓的都市生活。

于是，在安土桃山时代，在小山丘建城的"平山城"以及在平地兴建的"平城"逐渐开始普及。立志统一天下的织田信长的安土城是平山城，丰臣秀吉的大城则属于平城。

德川家康改造了太田道灌建造的江户城用作自己的城池，因此他只能建造平山城。不过，他尽可能将城下町建成了平城。

他以平安京作为建造江户町的模板。前面也曾提到，平安京是日本古代的首都，是以中国唐朝的首都长安为范本建造的。

那么，长安是按照怎样的原理设计的呢？

中国是举世闻名的文明国家，从悠久的历史经验中总结出了"阴阳学"理论。"阴阳学"是一门结合现在的天文学和地理学的学问，可以占卜和预测居住在怎样的地形有助于让人类生活幸福。

"阴阳学"中的"四神相应"地形理论，是建造都市的原理。

也就是说，要寻找由掌控宇宙的东南西北四神庇护的地方建造都市。

东方：有"青龙"神庇护的河流。

南方：有"朱雀"神庇护的池塘或海。

西方：有"白虎"神庇护的道路。

北方：有"玄武"神庇护的山。

青龙
（河流）

也就是说，城必须北面背靠着山，南侧面对大海，在尽情沐浴阳光的东方有清澈的河流，人们可以大量汲取饮用水，并从西方的道路运来粮食，从而享受丰沛的生活——这是人类的桃花源。

以平安京的都市规划为例，城东为鸭川，南为巨椋池，西为山阳道，北为船冈山。

江户的南方有日比谷湾，建町的平地在东方，在朱雀—玄武南北轴向东北偏东约112度的位置设置了城的大手（正门）。于是，平川为青龙，隅田川流入的江户港为朱雀，曲町台地看到的富士山为玄武神，分别满足了地形的要求。也因此有了"龙之口"和"虎之门"的地名。

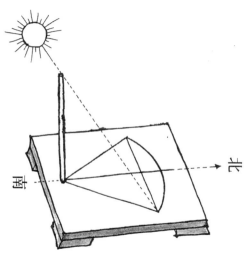

利用木棒的阴影测量北方的方位

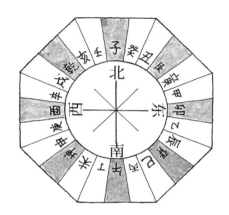

用此图表示方位

兴建土木工程

　　若想按照"四神相应"的原理建造江户町，就必须大规模地改造自然。

　　德川家康进入江户城之前，已经事先调查了城下周边的地形，在进入藩国之际，就在城的大手前造了一间小屋，和木原吉次、木原重次父子研究实施计划。他从最初的江户町奉行[1]中，挑选天野三郎兵卫康景为建造新町的总负责人。

1　奉行为日本武家时代担当行政事务的武士官名。

　　不久，板仓胜重担任新的江户町奉行，并任命福岛为基为土木工程负责人，即普请奉行，田上盛重为负责测量工作的地割奉行，正式实施造町计划。

　　测量工作主要是测量方位和距离。

　　当时，日本还没有使用来自中国的指南针，只能使用根据北极星位置测量方位的传统方法。白天时，也会利用木棒的阴影确定北方的位置，即将木棒垂直竖立在地面，阴影长度最短时的方向就是北方。这种方法很不准确，需要更精确地了解方位时，会使用以下方法：在上午的适当时间，以木棒底部为中心，阴影的长度为半径，画一个圆弧；到了下午，当阴影的前端又出现在圆弧上时，将上午和下午的阴影所形成的角度二等分，这条等分线所指的位置就是北方。

　　以这种方法测定北方后，再将东、南、西、北四个方向分成十二等份，每份为 30 度，分别

以十二支（子、丑、寅、卯、辰、巳、午、未、申、酉、戌、亥）命名。因此，北方为子，东方为卯，南方为午，西方为西。

在测量距离时，使用了分别以尺（约30.3厘米）和间（6.5尺 =1.97 米，称为京间）为单位的"间竿"和"水绳"为测量工具。间竿是一种木尺，可以测量二间以内的短距离。水绳则是由 5 毫米粗细的绳子涂上柿涩（青柿子果实的汁）所做成的卷尺，用来测量更长的距离。

根据规划案测定方位和距离后，就能够决定道路和护城河的位置了。护城河对运输大量的建筑材料和生活物资而言十分重要。因此，首先在平川河口到江户城正门附近挖了一条道三堀护城河。之后，为了方便从行德（千叶县）运盐，又在隅田川东方挖了一条小名木川。

由于是在海岸附近建町，人们无法挖井汲取饮用水。于是挖了一条导水路，从小石川沼引入饮用水。这就是神田上水道的起源。赤坂溜池的水，也成为江户的水源。

建立在海边原野上的江户，在各方面大兴土木，终于成为可以让广大民众居住的地方。

17

分区的标准

城下町按照居民的身份，将他们居住的地区分为以下三大区域：

武士居住的地区——武家地

有寺庙、神社的地区——寺社地

居民居住的地区——町人地

首先，从三河（爱知县）、远江（静冈县）等德川家旧藩国转移来的家臣，在武家地建造武家宅邸，从江户城大手前的平川河岸开始，分散到城下各地。尤其在城北北之内（北丸）至城西曲町的高地，设置了代官[1]的官舍和番众（下级武士）的长屋[2]，称为"代官町"和"番町"。

寺社地原则上设置在城下町的交通要塞附近。原本在平川村、局泽的寺庙和神宫，都转移到了神田台和矢之仓一带。

道灌时代曾经繁荣一时的高桥改名为常盘桥，在常盘桥东方和江户城大手的道三堀附近设置了町人地。这里是城下町繁荣的根本，故命名为"本町"。

本町附近的区域规划决定整个江户町的风貌，因此模仿了平安京的构造。幕府希望这里能够发展得和平安京一样热闹，故将一町设为四十丈（400尺，约121.2米）见方，这是居民居住的地方。其中再分为井字形，在面向马路的地方建造町屋[3]，中央则是"会所地"的空地，作为公共厕所和堆放垃圾的场所。

马路的宽度也以平安京为范本，像本町路那样垂直的通町路（日本桥大道）为六丈（约18.2米），其他的横町路分别为四丈（约12.1米）、三丈（约9.1米）和二丈（约6.1米）。当时，一般的城下町道路宽度通常为京间二间（约3.9米），最宽也不超过三间（约5.9米），因此有人批评江户的马路太宽了。人们担心马路太宽会导致两侧的商家无法整体繁荣，时间久了恐怕会没落。但德川家康力排众议，执意建设如此宽敞的道路，可见他早已计划将江户建设成一个大都市。

江户町的格局规划，比当时一般城下町的规划均大了一两倍。

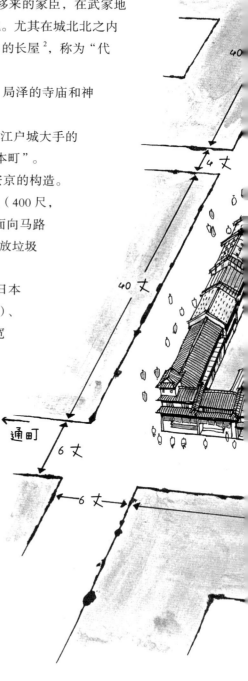

---

1 地方官。

2 类似大杂院。

3 商家。

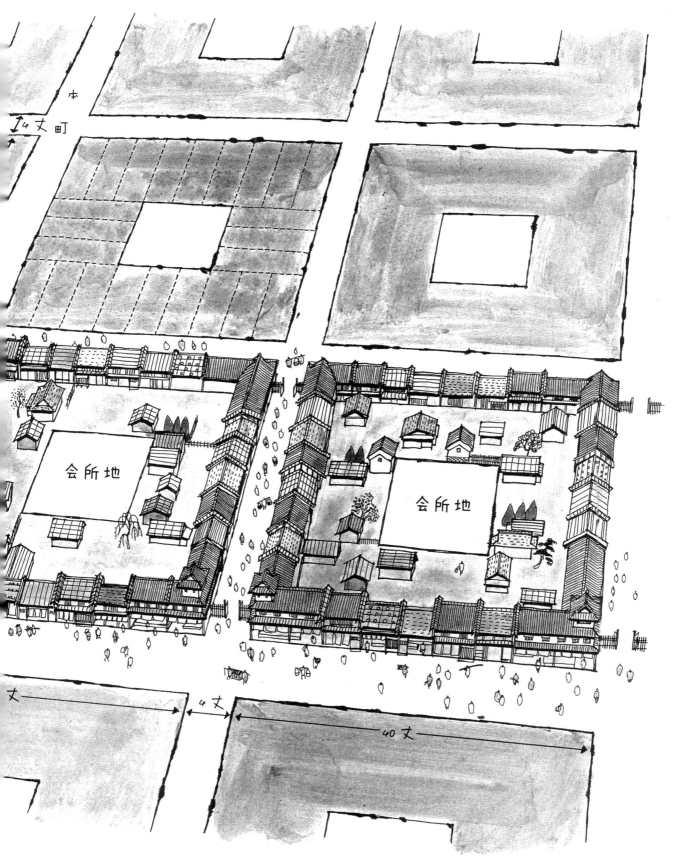

会所地

会所地

丈

4 丈

40 丈

本

4 丈 町

19

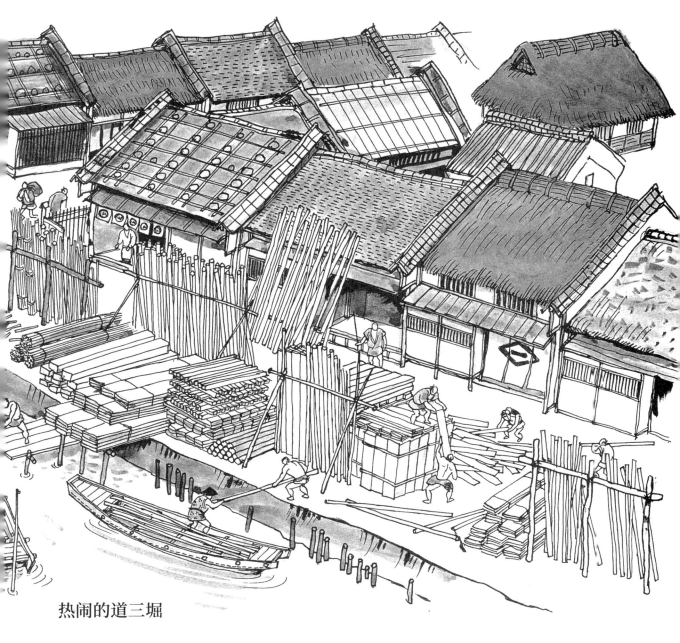

热闹的道三堀

　　江户町中，道三堀附近最先繁荣起来。道三堀两岸建有材木町、舟町和四日市町，成为町的中心。

　　全国各地用船只运来的木材，经由江户港集中在日本桥川和道三堀，因此材木町出现了许多木材行。舟町成为以这些船只经营海运业的回船批发商（日文为回船问屋）聚集的地方。附近的居民把日常的生活物资运入四日市町，四日市町很快变成了市集。

　　除了江户本地的居民以外，德川家康还从骏河、远江、三河、甲斐，以及更远的京都、伏见、奈良、大阪和堺等地招募居民。

　　1594 年（文禄三年），隅田川上游的荒川建造了千住大桥。到了 1600 年（庆长五年），多摩川上又建造了六乡桥，以江户为中心的奥州道中与东海道的交通网由此建立起来。自德川家康进入江户以来不到十年，江户已为发展成一个大都市奠定了良好的基础。

江户开府

　　1598 年（庆长三年）八月，丰臣秀吉在伏见城驾崩。不久，各路人马为了到底由谁称霸天下、由谁掌握日本国而展开一场明争暗斗。

　　1600 年，东军的德川家和西军的丰臣家之间，终于爆发瓜分天下的关原之役。当时，江户的建设工程正如火如荼地进行，天守[1] 也还没兴建，而三国第一大名城（指在日本、中国和印度皆首屈一指）大阪城已拥有五层楼的天守，所以谁都觉得西军赢定了。

　　然而德川家的东军团结一致，击败了松懈大意的西军，取得了胜利。1603 年二月，德川家康成为掌握天下的人，当上了征夷大将军，统率全国的大名[2]。

　　这时，德川家康开始思考如何治理日本这个国家。身为将军，要在哪里设立幕府，成为他的

1　建在城内的望楼，平时作为兵器库，战时成为司令塔和发射弓炮的所在。
2　日本封建时代的诸侯。

德川家康

航　道

松前

鰺沢

能代

弘前
（津轻信牧）

青森

八户

土崎

秋田
（佐竹义宣）

盛冈
（南部利直）

宫古

羽
州
街
道

仙台松
前
道

仙台
（伊达政宗）

酒田

小木

新潟

会
津
道

国
北
街
道

国
三
嶽
中

高田
（松平忠辉）

米泽
（上杉景胜）

荒浜

石卷

道

上田
（真田信幸）

会津
（蒲生忠乡）

中嶽本日
开

奥州道中

那珂港

平潟

航

回

江户
（德川秀忠）

铫子

东

首要问题。

自古以来，日本这个
国家的政治、经济和文化中心都设立
在近畿地区，德川家康把幕府设在刚开始建町的
江户，显然是冒了极大的风险。

德川家康最终还是决定在江户设立幕府，此
举被称为"江户开府"。想必德川家康有自信以
平安京为模板确立远大的都市规划并逐步执行，

这让他做出在江户设幕府的决定。

从此之后，德川家康不是以京都而是以江户
为中心，来思考日本这个国家。江户的中心街道
本町与通町的交叉处建起了日本桥，以此为起点
延伸出"五街道"（东海道、中山道、甲州道中、
奥州道中和日光道中），将自古以来以京都为中
心的交通网作为"次要街道"纳入，连接全国规
模的城下町。

如此这般，德川家康建立了掌控日本全国的
新国土计划。

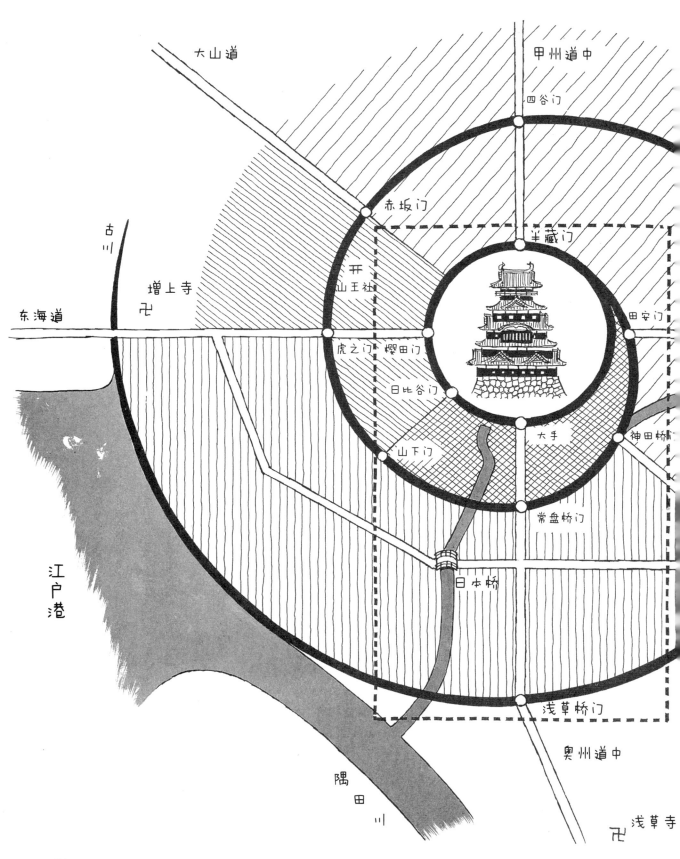

大山道

甲州道中

四谷门

赤坂门

半藏门

古川

田安门

增上寺
卍

东海道

山王社

虎之门 樱田门

日比谷门

大手

神田桥

山下门

常盘桥门

江户港

日本桥

浅草桥门

奥州道中

隅田川

浅草寺
卍

24

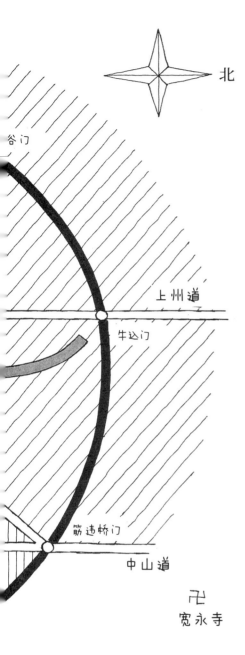

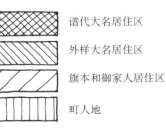

谷门

上州道

牛込门

筋违桥门

中山道

卍
宽永寺

北

谱代大名居住区

外样大名居住区

旗本和御家人居住区

町人地

线内是 1602 年（庆长七年）以前
的江户町（见 14、15 页）

"の"字形的扩张计划

在江户开府后，江户和江户城都必须发展为适合
作为幕府所在地的天下第一大都市。为此，之前以平安
京为模板，按照"四神相应"原理确立的都市规划需
要重新修正，进一步扩大规模。

于是，"の"字形的大扩张计划应运而生。这项扩
张计划就是以江户城为核心，挖一条"の"字形的右涡
旋状护城河。

必须注意的是，这个计划并没有废止之前建设的
江户町，而是对其加以利用，并巧妙利用外侧的山丘、
山谷和河流等自然地形，以"の"字形延伸河流。只
要运用土木技术，江户的市街就可以不受限制地向外
扩张。

然后，让"の"字形的河流与呈放射状的五大街道
结合。这样，无论江户变得多大，都可以靠町人地的自
由经济活动支持武家地的消费生活。

这项都市计划十分特异，不仅在日本前所未有，
在国外也是空前绝后。幕府因此可以让众大名的妻儿住
在江户，安心地实施来年举行的参勤交代制度[1]。即使全
国各地再多的大名聚集在江户，这里也有足够的地方供
他们居住。

如果没有这个扩张计划，不知道江户会变成什么
样子。最多只能发展成名古屋那样的城下町而已吧

---

1 江户幕府规定各地大名要在江户和藩国之间轮换居住的制度。

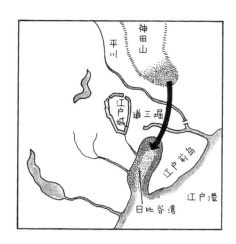

整治江户港

　　由于对丰臣秀吉有所顾忌，德川家康此前只在西丸的一部分推动兴建江户城的工程。但决定将其当作幕府本城后，他不需要再顾忌任何人，于是命令全国众大名合力建造天下第一大城，此举被称为"天下普请"[1]。

　　作为准备工作，1603 年三月，幕府开始整治江户港的海岸线，建造船舶停靠点，让全国各地装船运来的建材（石头和木材）得以卸货。人们铲平了神田山，根据"の"字形扩大计划，把山上的土填到深度较浅的日比谷湾。同时开挖东至江户前岛、和道三堀连接起来通往平川的沟渠，称之为堀川（日本桥川）。在堀川上建造了大型的日本桥，它成为"五街道"的起点。

　　由于是"天下普请"，所以工程是由受命于幕府的各大名负责的。石高（大名统理的藩国可收成的稻米数量）一千石的大名要提供 10 名工人，这些人被称为"千石夫"，日本桥町到新桥附近挤满了"千石夫"。于是各町就用负责其工程的大名的藩国名来命名本町，于是出现了尾张町、加贺町、出云町之类的名字。

1　普天同建。

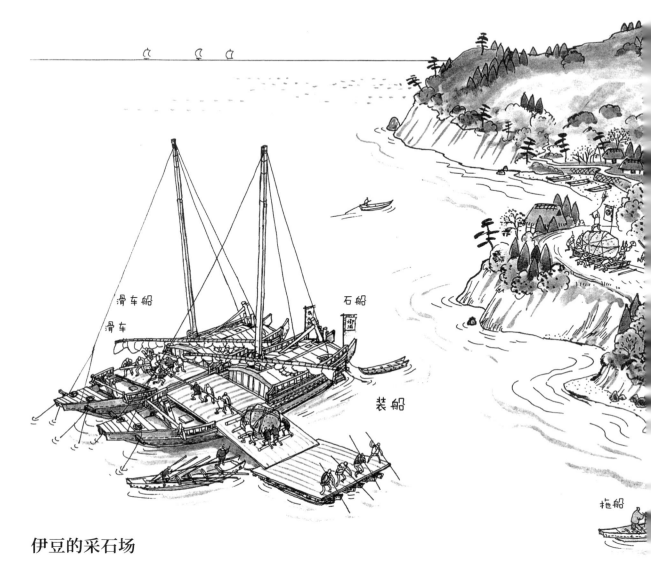

滑车船

滑车

石船

装船

拖船

伊豆的采石场

1604 年，幕府终于发表了江户城的大构筑计划。当时，受命建造石墙的是池田辉政（姬路）、福岛正则（广岛）、黑田长政（福冈）和加藤清正（熊本）等曾经追随丰臣家的外样大名[1]。

众大名各自花费两年时间，准备 300—400 艘运输石头的"石船"，终于在 1606 年集中到江户，投入土木工程的指挥工作。关东地区很少有石头山，但人们在伊豆半岛找到了石山。于是，外样大名们派遣家臣壮丁，雇用石工在现场采石。

在采石场，首先由石工使用榔头和石凿打洞，从悬崖上敲下数吨重的石块，再由壮丁把石块装在名为"修罗"的橇车上，运往海岸，经由幕府的官吏检测后，才能装上石船。

运送石块时，要使用附有滑车的船装运。通常，一艘船要装两块 100 人才抬得动的大石头，一个月

1　指在关原之役后才追随德川家康的大名。

拖运石材

检测石头

采石

榔头

石凿

凿洞

往返江户两次。各大名总计准备了近3000艘石船聚集在伊豆，前仆后继地将石块运往江户。

有时候，船只会遇到巨风沉没。据说，锅岛胜茂的石船沉了120艘，加藤嘉明的沉了46艘，黑田长政的船也沉了30艘。

拨木

小谷狩

让木材滑下山

垂落山谷

伐木

木曾山林的"小谷狩"

　　建设工程使用的木材来自利根川上游的关东北部山岳地区、富士川上游（静冈县）和木曾川上游（长野县）。其中木曾谷的大山林自古以来就是优质桧木的产地。

　　接到建筑大木匠师的订单后，杣头（伐木师傅的指导者）会寻找符合尺寸要求的树木，再将其砍下，稍加修整，集中在山谷，然后将木材丢进溪水中运输，这一系列工作被称为"小谷狩"。

木材的运输

送到木曾川上游的木材会被集中在水流缓慢的地方。人们在那里拉起一张大网，防止木材四散，这个网被称为"网场"。在这里，木材被按不同的尺寸分类，分别装在竹筏上，竹筏顺流而下　将其送到伊势湾。

由于这是天下第一的江户城所使用的木材，据说某些木材长约十七间（约 33.5 米），前端直径有四尺五寸（约 1.4 米）。这些巨木很长，运送它们比运输巨石更加辛苦。只能动用数千名壮丁，使用和现代巴拿马运河相同的方式运输，即堵堰木曾川，利月水的浮力，好不容易才把木材运到伊势湾。再用船只千里迢迢运到江户港，来回一趟差不多需要一年的时间。

大川狩
（木材沿河滑下）

背簍

風藍

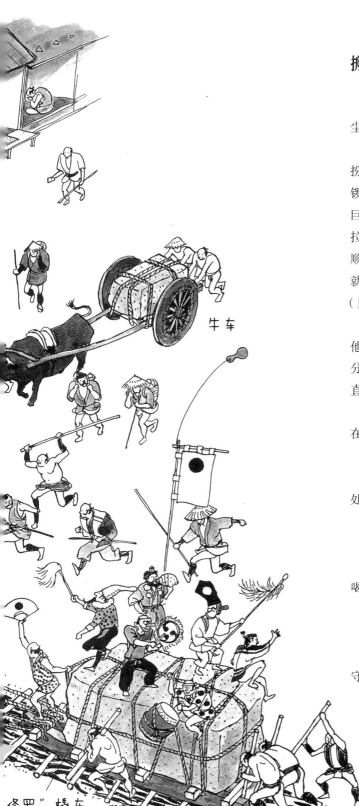

牛车

"修罗"橇车

昆布

搬运至江户町

运到江户港的石块和木材，经由完工未久、尘土飞扬的道路，运到江户城的建设工地。

大石头都装在名为"修罗"的橇车上。装扮得像外国人的领唱人站在车上，挥动旗帜、敲锣打鼓，让无数壮丁配合节拍同时出力。数千块巨石需要不止一千人，有时甚至要三五千人合力拉才能将它们一一运往江户。为了使橇车滑动更顺畅，人们会在滚轴下方铺上昆布。一般的石头就用牛车或人力车搬运，石墙背面使用的小石头（里石），则用网篮或放在背篓中搬运。

这些都是极其粗重的工作。各大名为了比其他藩国更早、更漂亮地完成自己负责的石墙，不分昼夜地赶工，江户町盛况空前，人声鼎沸，简直就像在举行庙会之际又发生了火灾。

在这种情况下，各种摩擦和争执无可避免。在幕府的指示下，各藩发出了禁令：

一、不得违抗幕府的官吏的命令。

二、若伙伴之间发生争吵，则双方都得受到处罚。

三、无论好坏，皆不得评论世事。

四、禁止和他藩的人聚会。

五、即使是同伴好友也不得在工作时一起喝酒。

六、禁止比赛相扑或夜间外出。

……

然而，由于从事的是粗活，工人往往无法遵守这些规定。

建造江户城的石墙

1605年四月，江户城正式开始"天下普请"之际，德川家康让儿子秀忠继承了征夷大将军一职，自己开始过隐居的生活。

第二代大将军德川秀忠任命内藤忠清、神田正俊、都筑为政和石川重次为普请奉行，命令堪称筑城术第一人的藤堂高虎重新制定江户城的基本规划。这项工作被称为"圈绳定界"（日文为縄張り），也就是圈绳划定建筑面积。藤堂高虎在效忠丰臣家时，曾规划过郡山城、和歌山城和小仓城，是圈绳定界的高手。在关原之役后，他赢得了德川家康的信任，设计了二条城和伏见城，与丰臣秀吉建造的大阪城对抗。如今，他正着手把江户城建成天下第一城。

藤堂高虎手下有来自全国各地的优秀土木建筑师。织田信长在建造安土城时，曾经使用近江国（滋贺县）志贺郡阪本村穴太的石工，建造了气势非凡的石墙。之后，穴太的石工成为举国闻名的石墙专家，"穴太"这两个字便成了建石

壕沟

木筏

根石

松木桩

墙的土木建筑师的代称。曾经和藤堂高虎一起为丰臣家建城的穴太，再加上户波一族的骏河和三河，率领众多徒弟，在江户城的建设中发挥了举足轻重的作用。

在幕府的土木建筑师的指导下，各藩国的大名分别雇用穴太在自己分配到的地段筑起石墙。

要在坚硬的岩石上堆石头并不困难，但江户城的壕沟是由日比谷湾填土而成的泥地，沉重的石墙一下子就会陷进泥地。

于是，土木建筑师把松木置于泥地中，组成木排，用长长的木桩固定，再筑石墙。采取这种名为"木筏地形"的方法后，仍然会出现石墙下沉的情况。有时候，工程进行到一半，好不容易堆起的石墙又倒塌了。浅野但马守长晟的工地，曾经发生过百数十人被压在石头下惨死的意外事故。

听到这个消息，加藤清正便采取了后来流传后世的解决方法。他命令壮丁去武藏野上割了许多芒草，铺在泥地上，然后找来许多 10—15 岁的孩子，让他们在上面尽情玩耍，花费足够的时间，把地面踩结实后再筑石墙。虽然工程进度比浅野家落后，但即使发生地震，石墙仍然屹立不倒。

人力车

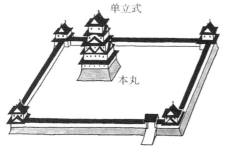

单立式

本丸

天守设计的演变

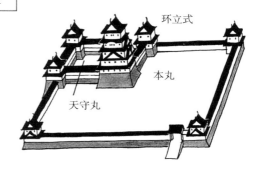

环立式

本丸

天守丸

环立式天守的设计

完成石墙的土木工程（普请）后，人们终于着手营建工程。德川家的各项营建工程向来是由木原吉次担任指挥，不过这次也请曾在奈良法隆寺担任大木匠师的中井正清率领众多近畿地区的优秀木匠协助。

中井正清的父亲中井正吉是丰臣秀吉兴建大阪城的大木匠师，正清承袭了父亲的技术，和藤堂高虎一样，在关原之役后赢得德川家康的信赖，参与二条城和伏见城的建设。德川家康和秀忠虽然成为将军，夺取了天下，但丰臣秀吉之子丰臣秀赖仍住在秀吉建造的、三国无双的名城大阪城，不知道何时会对德川家展开反扑。因此，他们特地找来对大阪城知之甚详的中井正清，要把江户城建造得比大阪城更加无懈可击。

藤堂高虎设计的江户城，根据江户都市规划的"の"字形方案，采取了"涡状城郭式"构造。在本丸（城郭中心）的高台周围，二丸（第二道城墙）、三丸（最外层城墙）、西丸（西城）和北丸（北城）的外部城郭按涡旋状排列，这是最复杂的城楼设计，敌军难以攻入。中井正清的这项设计无疑使江户城天守成为比大阪城天守更大、更先进的建筑。

该设计在本丸中央耸立的大天守东侧、北侧和西侧依次各造一个小型天守，形成环状连接，也就是所谓的"环立式天守"。由于本丸内建造了四个大小不同的天守，形成"天守丸"的特别架构，即使敌人攻进本丸，天守丸仍然可以发挥城池的作用。

织田信长的安土城和丰臣秀吉的大阪城，是在大天守旁设置一个小型望楼，没有建造小天守，外观看起来像梯子，因此被称为"梯立式"构造。"环立式"江户天守采取的是绝对不可能遭敌人攻克的"易守难攻"的新构造。

連立式

本丸

梯立式

本丸

建造大天守

中井正清设计的环立式大天守，是日本历史上前所未有的高层建筑。

本丸的御殿已在 1606 年九月完工，将军德川秀忠已迁入居住。在御殿西北方，伊达政宗（仙台）、上杉景胜（米泽）、蒲生秀行（会津）等关东和东北地区的诸大名奉命建造高达八间（约 15.8 米）的天守丸石墙。翌年，又增加了二间（约 3.9 米）的大天守台石墙。

结果，大天守台比本丸高了十间（约 19.7 米）。然后在大天守台上建造了高二十二间半（约 44.3 米）、外观为五层楼的大天守。内部则有被称为穴藏的地下一层和地上六层，总计七层楼。一楼的平面：东西长十六间（此处一间为七尺，约 33.9 米），南北长十八间（约 38.2 米）。顶楼的平面：东西长五间五尺（约 12.1 米），南北长七间五尺（约 16.4 米）。这比姬路城的大天守还要大很多。

本丸比江户城下高 20 米左右，再加上天守台 19.7 米，以及五层楼建筑 44.3 米，耸立在离地 84 米高处的大天守，成为雄伟的高层建筑。

为了让建筑能抵挡狂风暴雨，人们在一般的土瓦上涂敷铅粉。这种金属瓦是首次在江户城尝试使用。从远处望去，江户城天守即使在夏天也像是覆盖着皑皑白雪，闪耀着白色光芒，因此经常被拿来和富士山美景相提并论。

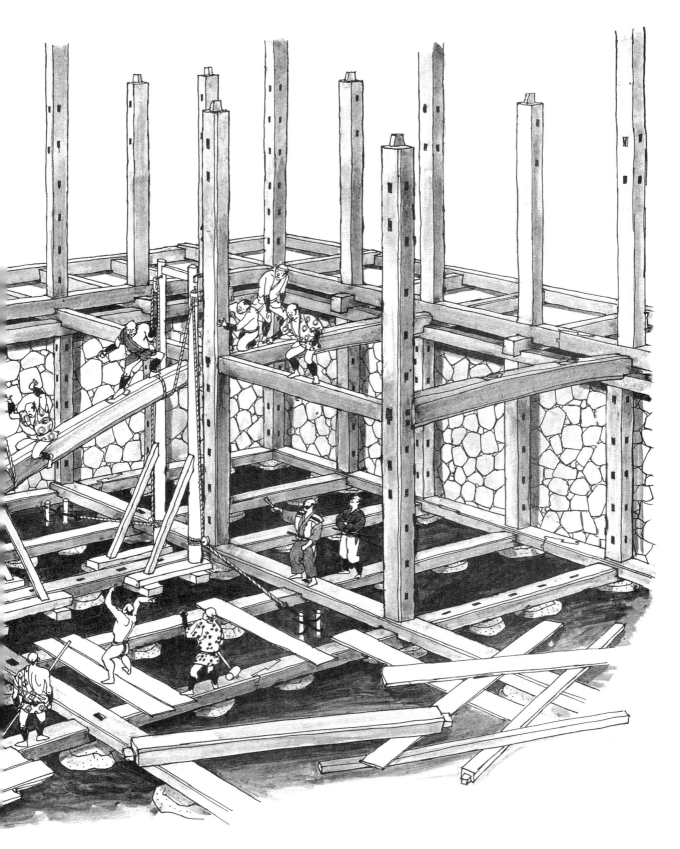

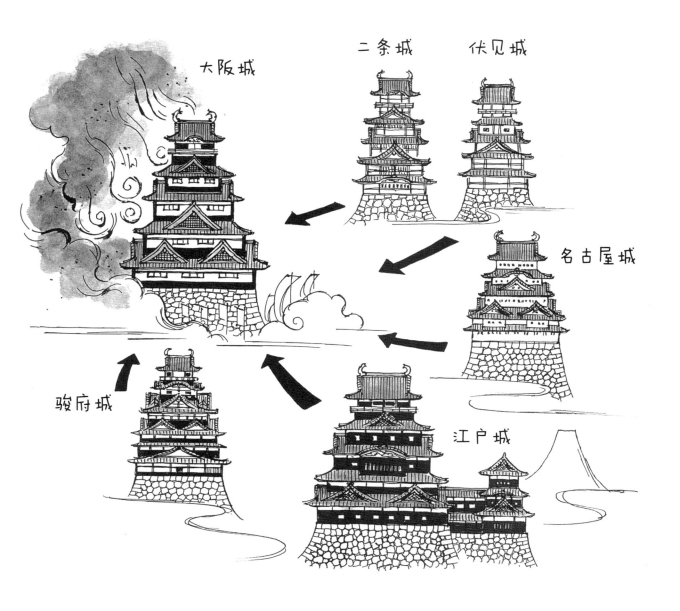

大阪之阵

江户城一经完成，德川家康便开始在骏府（静冈县）建造自己的隐居城。1607 年年底，隐居城虽然一度竣工，但在一场大火中付之一炬，翌年再度建造。1610 年，德川家又建造了名古屋城。

和江户城一样，这些工程都是"天下普请"，由藤堂高虎圈绳定界、中井正清建造。名古屋城在1614 年完工。包括早已完成的二条城、伏见城在内，江户幕府在东海道的大城郭已有 5 座，为攻打丰臣秀赖所在的大阪城做好了准备。

德川家康和秀忠为了斩草除根，发动大阪冬之阵战役，其间一度休战。1615 年乘胜追击，发动大阪夏之阵战役，终于在五月攻陷号称天下第一固城的大阪城。

德川家康之死

　　消灭丰臣家后，再也没有任何势力可与德川家抗衡，日本进入和平岁月。安土桃山时代结束，江户时代开始了。

　　在德川家康目睹丰臣家灭亡之后，翌年的 1616 年（元和二年）四月，德川家康 75 岁的漫长人生在骏府城画上句点。根据遗言，他的遗体暂厝久能山，之后移至日光东照宫。

　　江户城也在红叶山建造了祭祀德川家康的东照宫。从此之后，德川家康可以在红叶山上静静地守着江户町。

凿开神田山

进入和平的江户时代之后，为战争而兴建的城郭功能必须加以调整。江户城不仅是将军的居所，也将成为日本的政治中心，因此理所当然要比以往更加完善。

于是，将军德川秀忠决定在之前的"の"字形大扩张计划的基础上，再修一圈右涡旋状护城河。这是江户城的"总构"[1]工程，因此被称为"完善的圈绳定界"。

1　总构（総構え）指城郭的外围防御工事，是把城、城下町都用护城河或土垒包围起来。

御茶之水

首先，幕府开始进行江户城东北方的外护城河工程。完成这项巨大的工程得凿开神田山，让平川的水从小石川改道至浅草川，再通向隅田川。直到1620年秋天，这项工程终告完竣。

这项工程使之前外护城河的平川大曲、饭田桥、九段下、神田桥和日本桥的河道成为内护城河，而小石川、御茶之水、筋违桥和浅草桥的河道组成神田川，变成外护城河。由此，江户城的总构已在东北部形成，本町周围的町人地已摆脱了平川洪水泛滥之苦，将凿开神田山挖出的泥土填入日比谷湾，使江户町进一步向西南部延伸。骏府的家臣团移居到神田川的南侧台地，当地因此改名为"骏河台"。这一开凿神田山以建设江户町的工程，发挥的不是"一石二鸟"而是"一石四鸟"的作用。

江户城的总构和城门

　　在江户城进行总构工程之际，本丸的改造也开始了。由于本丸御殿的空间不足，首先要填起本丸和北出丸之间的护城河，使本丸向北延伸。同时，拆除环立式天守组成的天守丸，让天守台进一步向北侧扩张，重新建造一个外观五层楼的独立式大天守，地下一层，地上五层。它的外观虽和德川家康之前建造的天守大同小异，却是对战事无益的设计，可见建筑结构已充分反映时代的和平氛围。这项工程在1622年（元和八年）宣告完成。

　　翌年七月，德川秀忠将征夷大将军一职传给长子家光，自己移至西丸隐居。第三代将军德

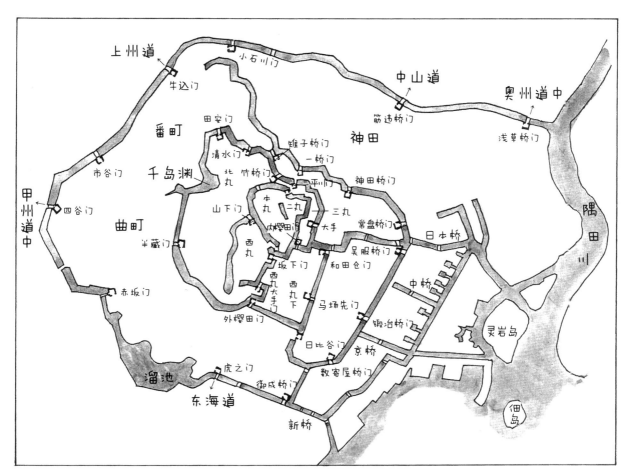

上州道　小石川门　中山道　奥州道中
牛込门　　筋违桥门
番町　田安门　　神田
雉子桥门　　浅草桥门
清水门　一桥门
千岛渊　北　竹桥门　平川门　神田桥门
市谷门　丸　本　二丸　三丸
山下门　丸
甲州道中　四谷门
曲町　内樱田门　大手　常盘桥门　日本桥
西丸　坂下门　吴服桥门
半藏门　西丸大手下　和田仓门　中桥
赤坂门　外樱田门　马场先门　灵岩岛
日比谷门　锻冶桥门
溜池　虎之门　京桥
御成桥门　数寄屋桥门
东海道　新桥　佃岛

隅田川

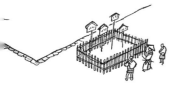

川家光搬进新建的本丸，同时在二丸建造了一个附有茶室的御殿和巨大庭院，作为别馆。别馆于1630年（宽永七年）完成，由小堀远州设计。这处别墅比著名的桂离宫更加奢华。

1632年，秀忠因病去世，但江户城的总构工程仍然持续进行。1635年，工程终于进入最后阶段，江户城西北方开挖外护城河，将流入赤坂溜池的小河与另一侧曲町台地北方的平川支流汇整，使之与之前竣工的神田川相连接。这项工程使流经溜池—赤坂—四谷—市谷—牛込的外护城河，变成以江户城为中心、向右涡旋的"Y"字形护城河，使隅田川可以通往江户港。如此一来，江户城的总构工程终于完成了。

名为"见付"的城门成为"の"字形延伸的护城河的关卡。城门很多，俗称"三十六见付"，主要的为"江户五口"，即东海道的虎门、甲州道中的四谷门、上州道的牛込门、中山道的筋违桥门和奥州道中的浅草桥门。这些地方都由幕府的武士站岗，他们对进入江户的百姓进行检查，同时维护城下町的治安。

江户城完工

在江户城总构完成之际，将军德川家光重新建造本丸，作为收尾。从家康、秀忠时代算起，这是江户的第三次大工程，由酒井忠胜担任总奉行，于1637年（宽永十四年）正月正式动工。

江户的大木匠师木原义久、京都的大木匠师中井正纯领导江户、京都的优秀木匠、石工（穴太）、泥水匠、铁匠、漆艺师、画师，将大天守、御殿以及祭拜德川家康的东照宫建造得更宏伟、更富丽堂皇。结果他们营造得太过辉煌夺目，让家光受到惊吓，要求重新造得更质朴一些。

其间，由基督教问题引发的岛原之乱[1]以及江户城中火灾使得工程一度延宕，但仍于1640年四月竣工。自1590年（天正十八年）起，德川家经历三代五十年光阴所建造的江户城终于大功告成。

1　1637年在肥前岛原和肥后天草发生农民抗争运动，反对幕府镇压基督教和藩主苛政。

江户城本丸御殿

完工之后的江户城，规模当然是日本历史上前所未有的。"の"字形都市规划核心的内城郭，面积就有1.8平方千米；本丸、二丸、三丸、西丸和北丸，根据涡郭式设计，格局巧妙地呈右涡旋状。

当时日本各地城下町的平均面积都差不多，而江户城的内城郭就有一般城下町的规模那么大。由此可见，号称天下第一名城的江户城有多么广大、多么壮观。

江户城内的建筑物数目也十分惊人，有1座大天守、21座橹（望楼）、28间"多闻"（城中长屋）、99道门，以及无数御殿和仓库。本丸御殿的结构尤其复杂，简直像一个大迷宫。

从东侧的江户城正面的大手进入，接着走到中雀门。穿过中雀门，就是本丸御殿的所在了，它可以大致分为表（前宫）、中奥（中后宫）和

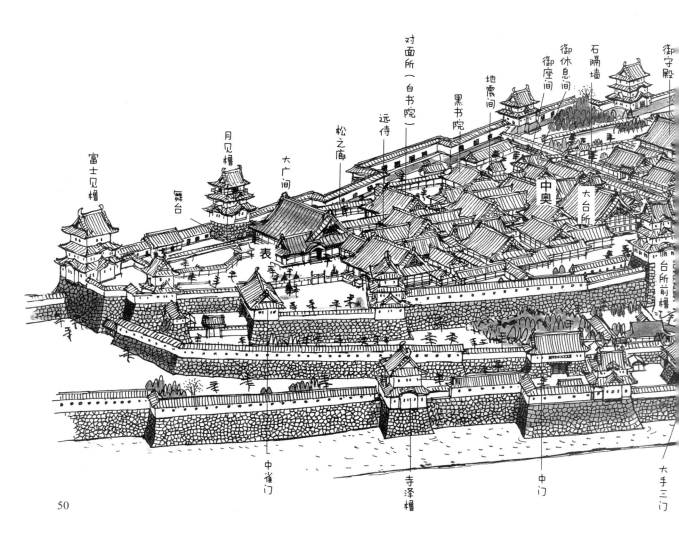

奥（后宫）三部分。

　　"表"是推动幕府政治的所在，以俗称"千叠敷"[1]的大广间为中心，有对面所（白书院）、黑书院[2]等巨大建筑。建筑内部装饰有名匠甲良丰后和平内大隅精心雕刻的作品，以及狩野探幽等人彩绘的画，有如日光东照宫般色彩华美。

　　"中奥"是将军的居所，以御座间和御休息间为主，还设有地震时避难用的"地震间"。另

有许多服侍将军的侍童的房间，大台所（大厨房）是最有名的大型建筑。

　　"奥"则是将军夫人和嫔妃的居所。有一道石墙隔在中后宫和后宫之间，管理严格，只有女人可以出入后宫。那里除了有将军夫人居住的御守殿以外，还有无数后宫婢女的房间，是名副其实的深宅大院，也被称为大奥（大后宫）。

1　即铺一千块榻榻米。
2　白书院的柱子使用原木，属于对外书院；黑书院则使用上漆或带皮的木材，属于对内书院。

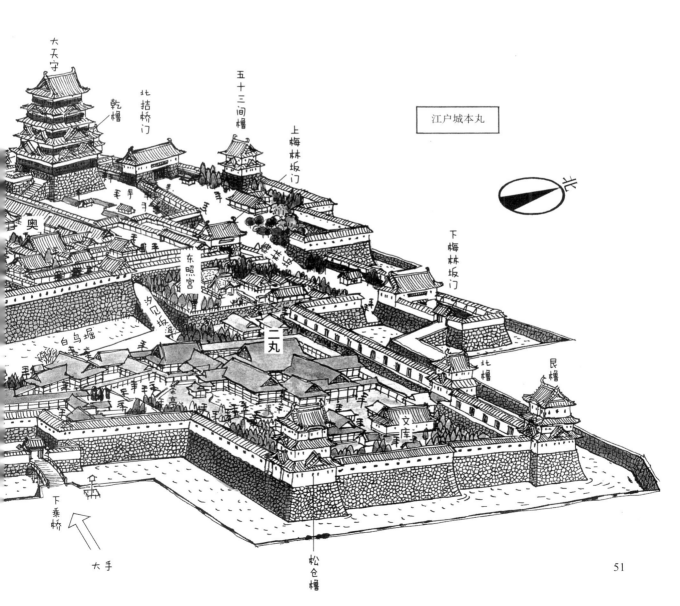

大天守　乾橹　北桔桥门　五十三间橹　上梅林坂门

江户城本丸

北

奥　东照宫　下梅林坂门

汐见坂门

白鸟堀　二丸

北橹　民橹

文库

下乘桥　大手　松仓橹

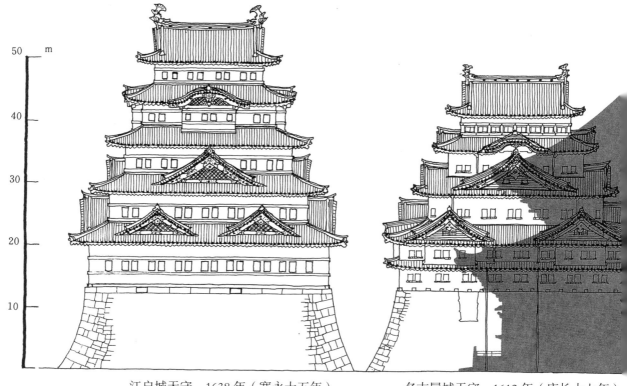

江户城天守　1638 年（宽永十五年）　　　　　　名古屋城天守　1612 年（庆长十七年）

1657 年　明历大火。江户城被烧毁。
　　　　　之后未重建天守。

1615 年　大阪夏之阵。丰臣家灭亡。
1615 年　颁布"一国一城令"。
1616 年　德川家康去世。
1632 年　德川秀忠去世。

后期层塔型　　　　　　　　前期层塔型

江户城天守

　　建于本丸御殿后方（西北端）的大天守，是日本史上前所未见的高层建筑。在德川家康时代，江户已有环立式设计的大天守，后来由德川秀忠改建成单立式。德川家光第三次重建天守，设计和秀忠时代相同，也采取单立式，规模则稍微扩大，这时的天守成为天下第一的大建筑。

　　天守的历史始于织田信长的安土城。信长在建造安土城天守时，决定建造超越日本第一高的

东大寺大佛殿的高层建筑，但其实两者的高度相同。之后的丰臣秀吉和德川家康也曾立志要建设超越东大寺大佛殿的建筑，但直到家光时代，才完成名副其实的日本第一高的建筑。这个天守的样式也是历史上最具规模的。

　　建于 1579 年（天正七年）的织田信长的安土城天守，采用"望楼型"样式，外观三层的城楼上还有二层望楼。三层的城楼和上方的望楼无法

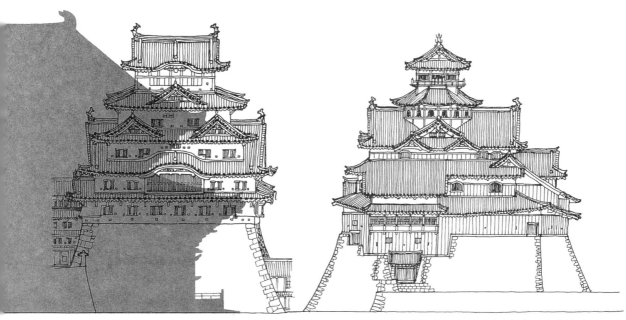

姬路城天守　1609 年（庆长十四年）　　　　　　　安土城天守　1579 年（天正七年）

1582 年　本能寺之变。织田信长去世。
1583 年　丰臣秀吉始建大阪城。
1598 年　丰臣秀吉去世。
1600 年　关原之役。
1603 年　德川家康建立江户幕府。

后期望楼型　←　　　　　　　　　前期望楼型　←

一体化，地震和台风时并不十分安全。史料记载，丰臣秀吉的伏见城天守也是望楼型，曾在地震中倒塌，秀吉好不容易才获救。

因此，天守的样式逐渐改良，开始从上到下像塔一样一体化。这种样式被称为"层塔型"。1609 年（庆长十四年）的姬路城天守还是旧式的望楼型，但 1612 年的名古屋城天守已采用新的层塔型样式。德川家光在 1638 年（宽永十五年）建造的江户城天守样式更加先进。无论从哪个方

向看，无不像是正面，因此这种设计被称为"八方正面"设计。

这种样式的天守在遇到地震和台风时丝毫不为所动。虽然是木造建筑，但土墙厚实，屋顶用铜瓦，因而是可以抗火灾的耐火建筑。

德川家光大量采用最先进的建筑技术，建造绝对不会倒塌的高层建筑。同时在天守顶装饰闪闪发亮的金鯱[1]，向天下宣告，江户幕府将盛昌千秋。

1　传说是一种能辟邪防妖、压制祝融的兽头鱼身动物。

城下的大名宅第

　　江户是武士之都，江户城周围的武家地建筑令人赏心悦目，尤其龙口附近的"大名小路"一带，谱代大名¹和外样大名的宅第（日文为屋敷）鳞次栉比，一户比一户奢华。

　　"日暮门"像日光东照宫的阳明门般华丽，即使看一整天也不会腻。尤其是加藤清正家的正门，是宽达十间（约 19.7 米）的大橹门²，雕刻着烫有金箔的龙、虎以及巨大的犀牛，即使在夜晚也金光闪闪。

　　外样大藩的宅第，象征着藩主是一国一城之主，设有和江户城大手不相上下的橹门，四周都是长屋，角落设有二层望楼。将军造访这些宅第称为"御成"，为此大藩还特地建造御成门和御成殿以竭诚款待。

1　指在关原之役前就追随德川家康的大名。
2　橹门（やぐらもん），指镰仓时代之后在武士宅第中设有用来瞭望、射击的高楼的门，分为渡型、楼门型等。——编者注

百间长屋

樱之马场

瑠璃茶屋

莲池

西行堂

蓬莱岛

大泉水

弁天

水舞台

长桥

福禄堂

唐门

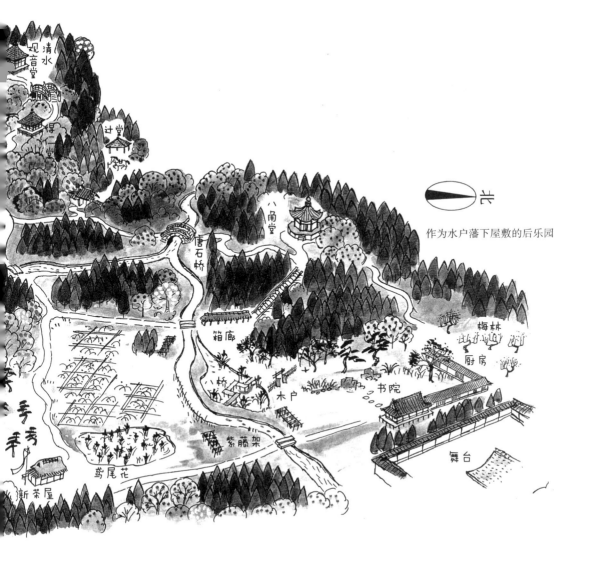

作为水户藩下屋敷的后乐园

清水
观音堂
辻堂
唐石桥
八角堂
箱廊
桥
木户
书院
梅林
厨房
紫藤架
鸢尾花
新茶屋
舞台

武士的宅第——武家屋敷

　　大名在江户建造宅第时，会因应参勤交代制度而建造"上屋敷""中屋敷"和"下屋敷"三个宅第。

　　在大名小路等江户内城郭里的是上屋敷，方便大名居住在江户时随时去江户城谒见将军。

　　中屋敷位于外护城河的内侧，供大名夫人和孩子居住，发挥辅助上屋敷的作用。

　　下屋敷则设置在外护城河的外侧，通常会建造一个大庭院，像是别墅。后乐园就是德川御三

家[1]中的水户藩的下屋敷。园中模仿中国风景，建造亭台楼阁，比江户城的二丸庭园更加可观，将军也常常造访。

　　下屋敷也被称为藏屋敷（粮仓）。面向江户港，用来储存藩国送来的各种物资。

　　另外，在外护城河的外侧，还有效忠江户幕府的番士（下级武士）的宅第。大部分是长屋形式，像现代公寓一样，很多家庭共同居住。不同于大名的宅第，番士的房子非常朴实。

1　指德川家族的尾张、纪伊和水户三家。

传马
（驿马）

飞脚
（信使）

"一里塚"和驿马

幕府在 1604 年（庆长九年）决定以江户日本桥为东海道、中山道、甲州道中、奥州道中和日光道中五大街道的起点。每隔一里（约 4 千米）设置一处驿站，称为"一里塚"（里程标），并且在那里种植高大的榎树和松树，供旅人休憩。

为了便利幕府出公差的人以及方便运送货物，幕府还设置了驿宿站。东海道的

品川、中山道的板桥、甲州道中的内藤新宿、日光道中和奥州道中的千住，是头等驿宿站。

驿宿站的驿马制度健全。各驿宿站都配备一定的人力和马匹，将货物运到下一个驿宿站，这个制度被称为"宿继"。比方说，从江户的日本桥向东海道出发，到京都的三大桥，共计五十三次宿继。人们所说的"东海道五十三次"即由此而来。

在江户町中，大传马町、南传马町和小传马町，发挥着传马（驿马）站的作用。大传马町和南传马町负责五大街道的宿继，小传马町则负责来自江户近郊的货物。

此外，在没有电信、电话的时代，"飞脚"（信使）承担了传递信息的工作。"飞脚"有三种，分别是幕府设置的"继飞脚"、各大名使用的"大名飞脚"以及百姓使用的"町飞脚'。他们还可分为送信、钱和小件行李的。他们从江户送信到京都要 90 个小时，特快件也要 60 个小时。

佃岛
菱垣回船
铁石

江户港

　　参勤交代制度使全国的大名和武士聚集在江户，这使江户成为一大消费都市。刚开始，江户周边的产业发展并不足以供养迅速增加的人口，大部分生活物资需要由京都、大阪运入。

　　江户人十分珍惜经过富士山一路由 53 站驿马接力运来的物资，称之为"京城货"。相反地，江户附近生产的东西质量不佳，被称为"糟糠之物"，江户人根本不屑一顾。总而言之，对新都市里的江户市民而言，京城酒、京城油、京城米、京城盐、京城酱油、京城蜡烛和京城伞，无一不是高级货。

　　不久之后，这些"京城货"改用大型船只由海路大量、廉价地进入江户。这类船只被称为"回船"，其中负有重任的是"菱垣回船"，因船身有菱形方格的设计而声名大噪。据说从 1619 年（元和五年）开始，和泉国（大阪府）的商人从大阪把棉花、油、酒、酱油和醋运至江户。

　　在菱垣回船中，有争先恐后把每年新采收的棉花运往江户的"新棉番船"。第一艘抵港的船带来的货物可以在江户卖到很高的价钱。

　　全国各地的回船进入江户港后，全都停靠在铁砲洲，人们把货物运到名为"濑取舟"的码头，装卸到小船上，经由市内的护城河，在各河岸码头卸货。

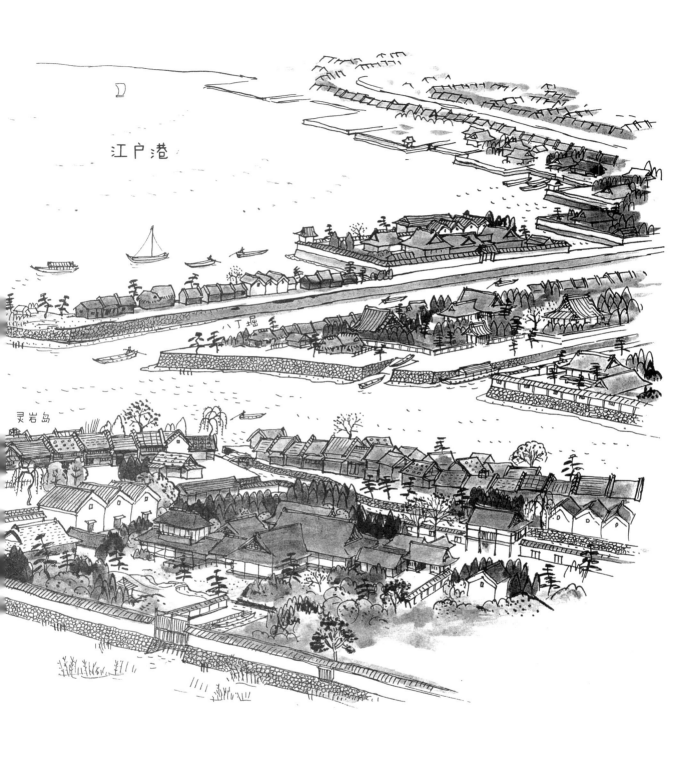

江戸港

八丁堀

灵岩岛

河岸鱼市

　　德川家康进入江户时，从摄津国（大阪府）的佃村带来了一批渔夫，把铁砲洲的浅滩赐给他们，让他们在江户港从事渔业。

　　渔夫在浅滩筑岛，根据故乡的名字为岛取名为"佃岛"。这就是著名的佃岛渔业的由来。这些渔夫虽然拥有在江户港自由捕鱼的特权，但也有义务将每天捕的鱼送给将军。

　　送去江户城的厨房后，剩下的鱼可以在市内贩卖。日本桥北桥头的东侧，也就是被称为大（本）船町的河岸一带，是这些渔夫聚集的市集。日本桥的河岸鱼市，生意兴隆而且热闹，成为江户一景。

　　不久，河岸鱼市沿马路一侧的鱼店开张营业。他们把新鲜的鱼、贝类排在门板上贩卖。有些鱼店在水桶里装入海水，让活鱼在水桶里游动。

　　这一带常常能听到扛着秤来进货的货郎响亮的吆喝声。出入旗本[1]大久保彦左卫门宅第的那个闻名遐迩的一心太助[2]就在这个河岸鱼市开鱼店。他为人豪爽，是典型的江户人。

1　将军直属家臣中的武士等级，俸禄不及一万石。
2　小说、戏曲中的人物。

上水道

不同于靠山的武家地，町人地是江户港填海而成的，在那里挖井只能抽出海水，根本无法饮用。德川家康在建町之初，便建设了神田上水和赤坂溜池上水工程，但随着江户规模的扩大，人们需要更多的饮用水。

于是，幕府将水从神田上水水源地小石川大沼上游的井之头池引入江户市。中途汇聚了善福寺池和妙正寺池的水，小石川上设置了闸门，水从汤岛、神田台的下方经过，供应小川町一带的用水。之后，在进行神田川工程时，人们建造水道桥，跨越神田川，在江户市埋设木管，供应下町一带的用水。

由于江户迅速成长，这些供水仍无法满足江户市所需。1653 年（承应二年），幕府废除赤坂溜池上水，重新开展玉川上水的工程。他们从羽村引得多摩川河水，兴建了途经川崎、小金井、田无、吉祥寺、久我山、高井户、代田、代代木、角筈、千驮谷等 29 个村，长达 13 里（约 52 千米）的上水道。经过四谷大木户之后，上水道被埋入地下，利用在四谷门外的导水管分成三

架在神田川上方的上水道导水管

条水路。第一条水路供应江户城内，第二条供应曲町一带，第三条水路从四谷传马町一带往纪伊国，绕过溜池东侧，再由虎门到芝、筑地、八丁堀和京桥，供应沿途各地。

使用木管引入市区的水，用名为"呼桶"的竹筒分流，蓄积在倒置的酒樽般的井筒内。被汲到地面后就成为居民的饮用水。这些水只能用于饮用，洗衣服之类的杂务只能使用一般井水。

町屋的建设

町奉行管理四十丈见方为一町的町人地。町奉行身边有町人的代表"町年寄",实际管理江户市中的大小事务。

德川家康入江户时(1590),任命奈良屋市右卫门、樽屋藤左卫门为町年寄,两年之后,又任命了喜多村弥兵卫。他们全都来自德川家的旧藩

国，奈良屋在本町一丁目、樽屋在本町二丁目、喜多村在本町三丁目分别安排居所，名为"御役所"。

每个町年寄身旁都有一个"名主"[1]，是原本住在附近的町人，通常都曾参与新江户町的兴建，常被称为"草分名主"[2]。在江户开府时即有贡献的町人，被称为"古町名主"，广受尊敬。通常，一位名主管理5—8个町。

江户最初建造的町屋，都是茅草屋顶的房子。公元1601年（庆长六年），骏河町的一场大火把市内全烧光了，在那之后，就改为木板房。当时，

京都的町屋大部分已经是两层楼的瓦房，而江户还算是乡下小镇。本町二丁目的泷山弥次兵卫在马路沿途建造昂贵的瓦屋，广受好评，被称为"半瓦的弥次兵卫"。可见瓦顶的町屋在当时还很少见。直到第三代将军德川家光时期，江户的繁荣才足以和京都相提并论。瓦顶二层楼房逐渐普及，町角处还建起三层楼的房子。町数也终于达到三百町，不久之后，这些町被称为"古町"。在整个江户时代，古町受到幕府特别的关爱。比方说，每次换将军时，古町的町人会受邀进入江户城，享受和武士相同的待遇，一起观看能剧。

---

1 相当于里正。
2 相当于里正元老。

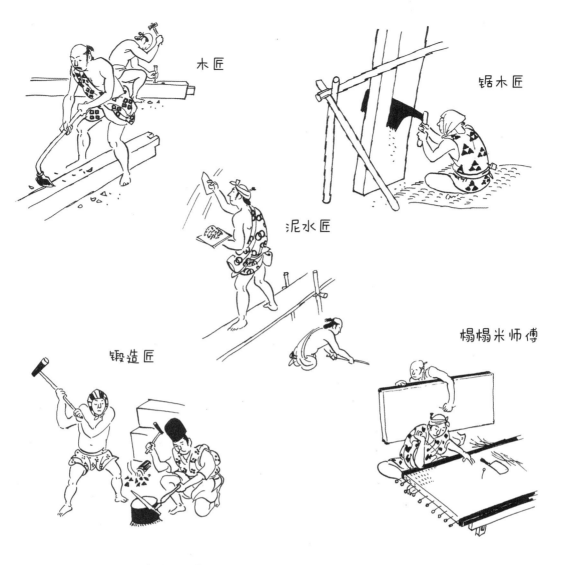

木匠

锯木匠

泥水匠

榻榻米师傅

锻造匠

铸造师傅

职人町

刚建江户町时，町人的住宿是由幕府免费提供的，住在该地的町人必须接受幕府安排的各项工作。于是，幕府就让相同行业的人集中在一个地方居住。

职人（工匠）居住的町被称为"职人町"，各行各业分别住在不同的区域：

染坊师傅（藍染屋）——神田绀屋町、南绀屋町、西绀屋町、北绀屋町

蜡烛师傅

木桶师傅

桧物师

染坊师傅

制鞘师傅

漆艺傅

木匠（大工）——元大工町、南大工町、神田横大工（番匠）町、竖大工町

锻造匠（锻冶）——神田锻冶町、南锻冶町、櫻田锻冶町

泥水匠（左官）——神田白壁町

锯木匠（木挽）——大锯町

榻榻米师傅（畳屋）——迭町

铸造师傅（铸物师）——神田锅町

木桶师傅（桶屋）——桶町

桧物师（檜物師）——桧物町[1]

武器师傅（铁砲匠）——铁砲町

制鞘师傅（鞘師）——南鞘町

在职人町，不同行业各有一名首领，听从幕府的命令，再把工作分配给手下工匠。技术特别优异的工匠被称为"御用达职人"，很受重视，可以像武士一样随身带刀。

1　用桧木制作容器的师傅。

江户的町容

江户町住着各行各业的人，黎明时分就开始展现活力。

名为"时钟"的设施负责报时。时钟刚开始被设在江户城中，在清晨六点和傍晚六点报时。由于时钟位于将军宅第附近，将军觉得太吵，它就被移到日本桥本石町三丁目，每隔两小时向町人报时。随着町的规模扩大，之后江户一共在9个地方设置了时钟。

后来，俳人松尾芭蕉曾经吟诵道：

> 烂漫的樱花中
> 传来阵阵钟声
> 是上野还是浅草的钟声
> （花の雲　鐘は上野か　浅草か）

这首诗歌以钟声描绘了和平的景象。

江户港

北

1640 年（宽永十七年）的江户町

佃岛

石川岛

灵岩岛

铁砲洲

寺町

船进入下部

尾张大纳言藏屋敷

武家屋敷

下野桥

纪州大纳言藏屋敷

薪町

大锯町

纪伊国桥

木挽町

鞘町

中桥

南传马町

岚町

银座

南槙町

幅町

锻冶町

新两替町

京桥

绀屋町

弓町

新小田原町

锻冶桥

大 名 小 路

商人町

当江户的繁荣程度超越京都后，全国各地的商人纷纷聚拢而来。其中以伊势（三重县）、近江（滋贺县）和京都的商人最为活跃。伊势是棉花产地，商人利用前往江户的回船，大做浓尾平原的特产生意（纸、厨房用具、发油和茶等），在江户挂起"伊势屋"的广告牌。当时，民众形容江户町中最常见的东西就是"伊势屋、稻荷（五谷神）和狗大便"。

然而上方商人[1]经营的是高级货。京都和大阪的总店从全国各产地进货后，在江户设店贩卖，称为"江户店"。

大型的江户店几乎都开在大传马町。町内设有传马役[2]，全国各地的特产自然汇聚于此，商店也越开越大。

---

1 上方泛指京都附近。
2 提供驿马的地方。

自身番屋　　　　　木戸

高札场

木户、自身番屋、高札场

"の"字形扩展的护城河所围成的江户町，每一町都设有一道名为"木户"的木门。木户位在町的边界，旁边还有"木户番屋"岗亭，在岗亭内值班的人被称为"番太郎"。白天，中央的木门敞开，可自由通行；晚上十点关门，可维持町内的治安。

江户市中大兴土木，人心浮动，经常发生争吵和试刀杀人[1]，令幕府疲于奔命。

1　当时武士为了测试刀剑的锋利程度或武艺，常在夜晚出其不意地杀人。

1628 年（宽永五年），在武家地设置了"番所"岗哨，町人地也设置了"自身番屋"[1]。原则上，各町都会在木户旁设自身番屋。虽然和木户番屋相似，"自身番屋"更像是町官吏集中的警察派出所，负责守卫町内的警备工作。附近还兴建了观火的望楼，用于火警通报。

在町内，由家主组成"五人组"的邻里组织。幕府的各种命令由上而下经町奉行、町年寄、町名主传达给五人组，也会直接公布在"高札"[2]。高札通常设在热闹的街道上，使人一目了然。最早的高札场设在日本桥南侧，不久，市内已设置了数十个。

1 自治岗哨之意。
2 布告栏之意。

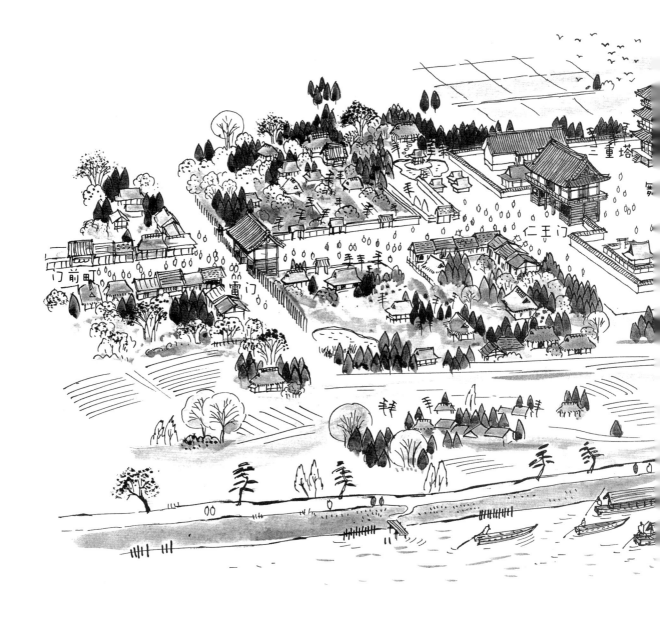

热闹的寺社地——浅草寺

　　随着町人地逐渐繁荣昌盛，寺社地也渐渐热闹起来。

　　寺社地沿着外护城河设置在交通要道上，其中东海道的增上寺、中山道的宽永寺和奥州道中的浅草寺最有名。

　　浅草寺自古就在隅田川畔，是江户最古老的寺庙。德川家康进入江户后，将这座历史悠久的天台宗寺庙作为德川家的祈愿所。

　　1594 年（文禄三年），当奥州道中的千住大桥架在隅田川上游的荒川之后，浅草寺门前成为

东照宫

钟楼

本堂

三社权现

隅田川

奥州道中的入口，这里突然变得热闹起来。

这一带属于低洼地区，居民饱受荒川洪水泛滥之苦。于是1621年（元和七年），幕府在浅草寺的东北方修筑了堤防。当时修建该工程动员了日本各地的大名参与，因此此堤又称"日本堤"。

修建日本堤后，浅草寺成为一个安全的地方，江户人纷纷来此造访，在隅田川上乘游船玩乐。沿着门前町往前走，走过雷门、仁王门，进入浅草寺，左侧是三重塔，右侧是五重塔，正前方是带有舞台的本堂。在此参拜观音后，可进入左侧后方的东照宫，祭拜德川家康的英灵。右侧后方是祭祀三社先生[1]的三社权现（三社権现）[2]。三月十七、十八日两天举行的三社祭，和山王祭、神田祭并列为江户三大祭。

---

1 浅草寺的三位创建者。
2 祭祀三社先生的神宫，1873年（明治六年）改名为浅草神社。——编者注

图中标注文字：

五重塔

寒松

东照宫

药师堂

文殊堂

大佛

仁王门

谷中道

不忍池

弁天岛

上野宽永寺

　　除浅草寺之外，净土宗的增上寺也是历史悠久的寺庙。德川家的故乡就在净土宗昌盛的三河（爱知县），因此他们在江户时会到增上寺祭拜祖先，视之为菩提寺[1]。1592年（文禄元年），幕府将小田原的誓愿寺移至神田，并在江户建造了许多净土宗的寺庙。

1　安置祖先的墓、举行葬礼和法事的寺庙。

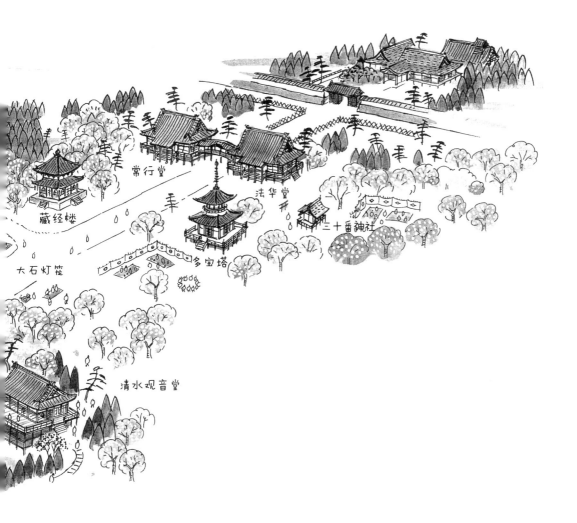

藏经楼

常行堂

法华堂

三十番神社

大石灯笼

多宝塔

清水观音堂

幕府也很重视天台宗的寺庙。除了浅草寺以外，在 1624 年（宽永元年），他们选择在相当于江户城鬼门（东北方）的上野建造天台宗的大寺。京都在建平安京时在鬼门方位的比叡山建造了延历寺，因此江户则取东方的比叡山之意，将这座大寺命名为"东叡山宽永寺"。

整座上野山都属于宽永寺。寺庙在面向江户的南端建造仁王门。参照奈良和京都的大佛殿，将大佛座像安置于仁王门左侧；仁王门的右侧，模仿京都的清水寺建造了清水观音堂。沿着中央的参拜道北进，可以看到"大石灯笼"。大石灯笼的左后方是设有五重塔的东照宫。沿着参拜道继续向北，右侧有多宝塔，左侧是钟楼、藏经楼，正面有一座桥。这座桥看起来像是天秤，左侧是常行堂，右侧是法华堂，常行堂和法华堂合称为"挑秤堂"。

这些建筑物上都有名匠左甚五郎雕刻的龙。传说他刻得栩栩如生，龙活了起来，一到晚上就去不忍池喝水。

不忍池是仿照比叡山附近的琵琶湖建的。1642 年，江户人又仿照琵琶湖的竹生岛筑造了弁天岛。之后，可以从岸边的石桥前往弁天岛。

于是，上野的山上建造了许多和京都相伤的名胜。在春暖花开的赏花季节，整座山上人山人海，人们在此跳舞喝酒，好不热闹。

山王社

山王御祭禮

山王御祭禮

半藏门

山王社、神田明神和天下祭

　　在寺庙发展的同时，我们也不能忘记基督教。基督教早在1549年（天文十八年）就已经传入日本，历经织田信长、丰臣秀吉的时代。德川家康也曾在江户建造教堂。据说它建于1599年（庆长四年），但无法考证，也不知地点。1611年，幕府禁止基督教传播，拆毁教堂。两年后，22名信徒被判死刑。

　　之后，岛原之乱爆发，幕府为阻止基督教传播，推行以佛教为基础的"改换宗门"政策。法律规定所有居民必须信仰佛教，由寺社奉行加以督导。就像町奉行管理町人地一样，江户市中的寺社地也归寺社奉行管理。

　　神社也在寺社奉行的管辖范围内。江户的神社，最有名的是山王社和神田明神。山王社庇护江户西南部的町人，神田明神庇护江户东北部的町人。两大神社举行的祭礼是幕府公认的"天下祭"。每隔一年，山王社和神田明神分别在六月十五日和九月十五日举行盛大的祭礼。祭礼需要高额的费用，甚至有人不惜为此举债，为此幕府颁发限制令，但喜欢祭礼的江户人根本不予理会。

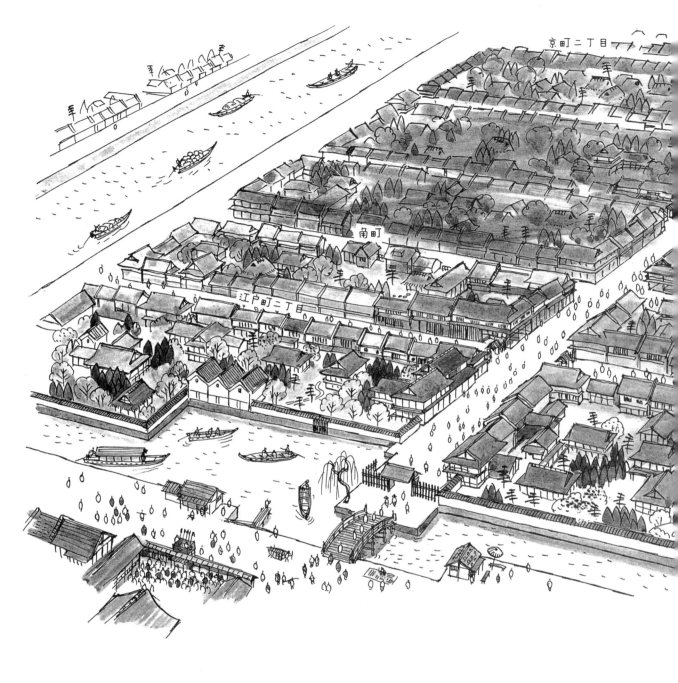

京町二丁目

南町

江戸町二丁目

钱汤和游廊

　　德川家康进入江户五十年后，江户町仍处处
大兴土木。举目所见皆是做粗工的壮丁，很少看
到女人。一般都市的男女人口数量几乎相同，但
在当时的江户，女人还不到男人的一半。

　　那时候的江户是一个尘土飞扬、煞风景的地

方。于是，被称作钱汤的付费澡堂的生意开始兴
隆。在江户町兴建不久的1591年（天正十九年）
夏天，一个名叫伊势与一的人在钱瓶桥下开了一
间钱汤。到了1630年（宽永七年），每个町都有
一间钱汤，钱汤中有"汤女"为男人洗澡、搓背。

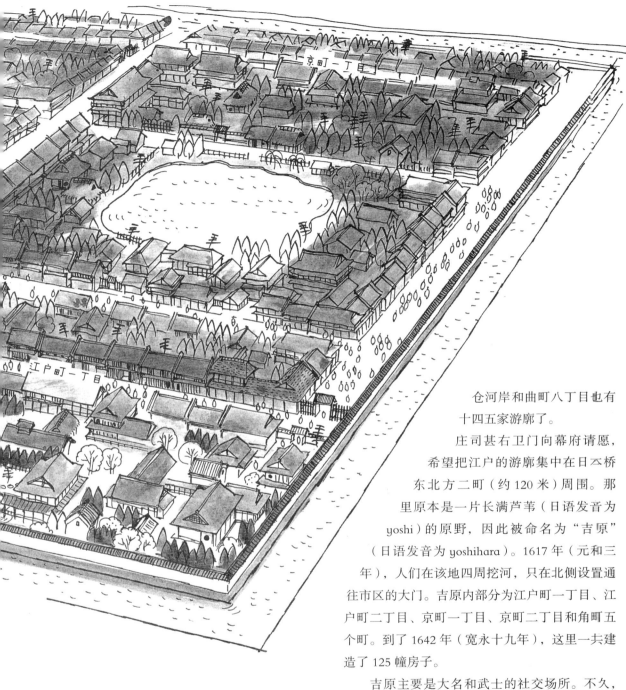

京町一丁目

江户町一丁目

仓河岸和曲町八丁目也有十四五家游廓了。

庄司甚右卫门向幕府请愿，希望把江户的游廓集中在日本桥东北方二町（约 120 米）周围。那里原本是一片长满芦苇（日语发音为 yoshi）的原野，因此被命名为"吉原"（日语发音为 yoshihara）。1617 年（元和三年），人们在该地四周挖河，只在北侧设置通往市区的大门。吉原内部分为江户町一丁目、江户町二丁目、京町一丁目、京町二丁目和角町五个町。到了 1642 年（宽永十九年），这里一共建造了 125 幢房子。

吉原主要是大名和武士的社交场所。不久，有钱的町人也开始出入此处。不同于钱汤，人们在这里可观赏有教养的漂亮妓女载歌载舞，然后品茶，享受一夜之欢。

当时，"游廓"[1] 比公共浴室更加热闹。莺莺燕燕和男人在游廓内寻欢作乐，到了 1610 年（庆长十五年），道三河岸已有 20 家"游廓"，镰

---

1 妓院。

芝　居

　　"芝居"[1]和吉原一样，是江户市民可以不拘身份出入的社交场所。

　　1603年（庆长八年），京都出云大社的巫女[2]阿国穿上男装跳舞，深受好评。这就是歌舞伎的起源。不久，这种戏剧就在鸭川河畔搭起的芝居小屋[3]中开始演出，立刻广受欢迎。歌舞伎也传到了江户，令武士和町人为之疯狂。

　　1624年（宽永元年），江户在日本桥和京桥之间的中桥海岸旁，搭建芝居小屋。虽也有马戏团表演和人形芝居[4]，但歌舞伎演员中村勘三郎的

1　指戏剧，也指演戏的园子。
2　指在神社服务，从事请神、祈祷工作的未婚女子。
3　戏台。
4　使用人偶表演的戏曲。

中村座在江户引起广泛讨论，之后，江户的歌舞伎便
盛行起来。1632年，中村座搬迁至吉原北侧的祢宜町。

　　1634年，村山又三郎的村三座（之后的市村座）
设在吉原的西邻町。这里有都传内的都座，又有祢宜
町的芝居，成为江户最热闹的场所。

　　到了1642年，木挽町开设山村座。1660年（万
治三年），又开设森田座。堺町的中村座、市村座和
木挽町的山村座、森田座并称为"江户四座"，在全
国打响了名号。

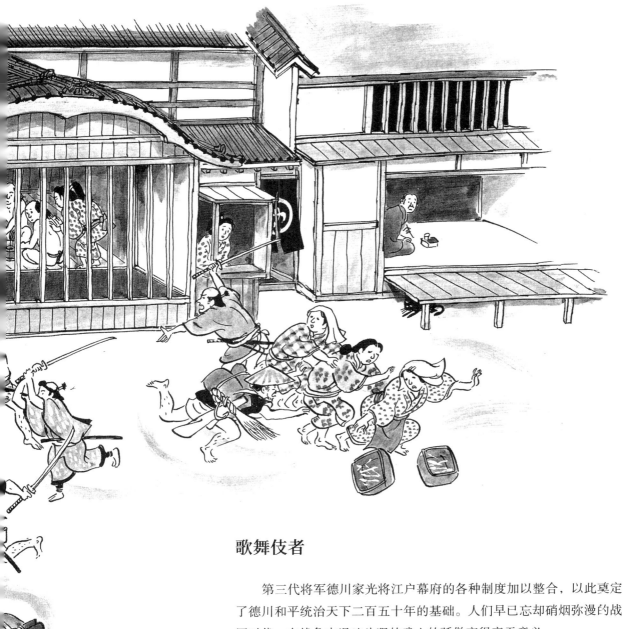

歌舞伎者

　　第三代将军德川家光将江户幕府的各种制度加以整合，以此奠定了德川和平统治天下二百五十年的基础。人们早已忘却硝烟弥漫的战国时代，在战争中逞凶斗狠的武士的骄傲变得毫无意义。

　　特别是年轻的武士找不到生命的意义，便趁着年轻气盛，成样结党，四处挑衅。这些人被称为"旗本奴"，那些模仿他们恶劣行径的町人被称为"町奴"。

　　京都流行一些令人瞠目结舌的奇装异服和发型，如此打扮的人被称为"歌舞伎者"和"男伊达"。繁荣的江户也跟着流行这些。幡随院长兵卫是这些年轻人的典型代表，他的故事被编成了戏剧上演。这些人又逐渐被时代淘汰，成为跟不上时代的落伍者。他们的这种反抗虽很空虚，但也算走在流行前沿，十分有趣，还颇受欢迎。

明历大火

1644 年（正保元年），江户市区的面积已达到 44 平方千米，成为日本第一大都市。第二名的京都只有 21 平方千米。曾几何时，江户已超越自古即为文化中心的京都，成长为相当于两个京都的大型都市。可以无限发展的"の"字形都市规划终于发挥威力。江户市民个个高枕无忧，无不认为和平、丰衣足食的时代会一直持续。

1651 年（庆安四年）四月，将军德川家光 48 岁壮年暴毙。之后，江户一直笼罩在一股不安的气氛中。从由井正雪之乱开始，各种暴乱一一出现。江户町内甚至有人故意趁着有风的日子放火。

自 1657 年（明历三年）元旦后的第二天起，各地频繁发生火灾。江户市民整天听到通报火警的半钟声[1]，多日夜不能寐。

正月十八日一大清早，西北风呼呼地吹。整个江户町满是风沙。下午二时左右，本乡丸山本妙寺发生火灾，大火立刻蹿上天空，向汤岛、神田方向蔓延。火舌吞噬了房舍，江户市民陷入一片混乱。路上挤满了带着细软逃命的民众，甚至有人遭货车碾毙。

火势很快蔓延到日本桥一带，八丁堀、灵岩岛、铁砲洲和佃岛也相继沦陷。大火甚至越过隅田川，烧到深川、牛岛、新田一带。江户下町化为一片焦土，浅草门和灵岩岛上死伤无数。到了翌日凌晨两点，火势才终于受到控制。

---

1 半钟为小型吊钟，挂在火警望楼，一有火警就会敲响。

天守起火

噩梦般的一晚终于过去了。到了十九日早晨，风势依旧很大，上午十点左右，小石川传通院正门下的与力屋敷，又蹿出火苗。

强风助长，火势迅速蔓延，烧到了附近的水户家下屋敷，在薄木片屋顶的助燃下，逼近竹桥门、牛达门、田安门附近的外护城河。

大火最终烧到江户城北丸，幕府重臣的宅第迅速化为一片火海，拥有金色兽头瓦的五层楼的大天守也陷入大火。

这时，空中刮起了龙卷风。原本天守外部涂了黑灰浆，采用了绝对不会燃烧的耐火建材，但这意外的龙卷风把窗户吹开，火舌一下就蹿入窗内，蔓延到天守内部。更可怕的是，附近的弹药库也发生了爆炸。

巨大的火柱直冲上天，本丸、二丸、三丸的豪华建筑皆付之一炬，将军德川家纲费尽九牛二虎之力才逃到西丸避难。下午一点，民众甚至不知将军死活，城内陷入一片恐慌。

猛烈大火进一步烧到大名小路。大名宅第屋顶瓦片碎裂的声音就像百雷轰顶般惊人，被压在瓦砾堆下的民众的惨叫声，响彻烧红的天空，这里简直变成了人间炼狱。

傍晚，曲町五丁目的町屋又冒出火苗。一转眼的工夫，火势就向南蔓延，烧到了樱田一带的大名宅第，然后沿着外护城河南下，使得山王社至日比谷、芝以及增上寺的一部分化为灰烬。到了海岸附近，火势才渐渐消退。

凭着最先进的技术，按照"最完善的圈绳定界"进行设计，历经家康、秀忠、家光三代，耗费五十年光阴才建造完成的江户城，在短短两天之内就不复存在。5万，甚至10万人的亡灵，在无情呼啸的寒风中徘徊。

这场俗称"振袖火事"的明历大火，让繁荣的江户町化为一片荒芜的野地。

解　说

内藤昌

太田道灌

一、今昔的地理比较

重新整理前面介绍的江户町建设过程，可将之归为四个阶段。

◇　第一次建设：从德川家康入江户的 1590 年（天正十八年）到 1602 年（庆长七年）。德川家管辖关东地区，建立城下町的时代。

◇　第二次建设：德川家康成为征夷大将军的 1603 年（庆长八年）至德川家康去世的 1616 年（元和二年）。家康、秀忠建设幕府首都的时期。

◇　第三次建设：1617 年（元和三年）至德川秀忠去世的 1632 年（宽永九年）。秀忠、家光建设幕府首都的时期。

◇　第四次建设：1633 年（宽永十年）至家光去世的 1651 年（庆安四年）。家光建设幕府首都的时期。

关于这其中的变化，读者可从《庆长七年江户图》（《别本庆长江户图》）了解第一次建设，从《庆长十三年江户图》（《庆长年间江户图》）了解第二次建设，从《宽永九年江户图》（《武州丰郡江户庄图》）了解第三次建设，从《正保元年江户图》（《正保年间江户绘图》）了解第四次建设。

我们在现代地图的基础上分别复原了这四张图，也就是本书前后衬页的四张图。由此可以比较今昔的地理。

二、城和城下町的圈绳定界（都市规划）

城和城下町是指名为"郭"的外墙和护城河包围的部分。城所在的部分通常被称为"内郭"，外侧包括城下町整体则被称为"外郭"。

日本自古以来就称外郭为"总构"，但在江户时代，几乎没有建造像样的外郭，因此提到"城"时，通常只指内郭部分。

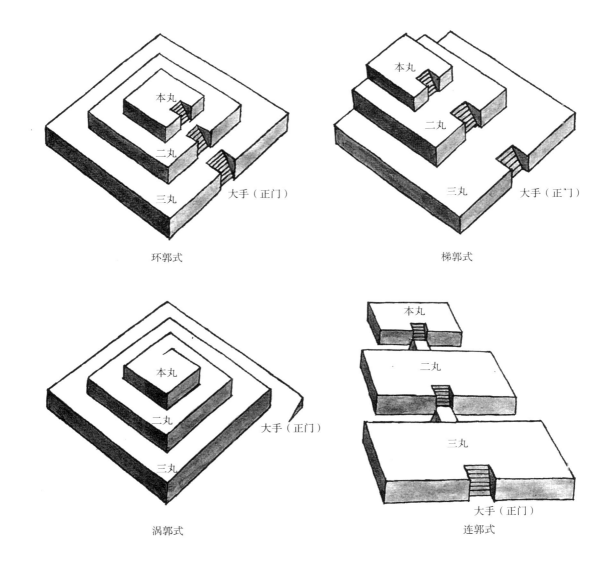

环郭式

梯郭式

涡郭式

连郭式

内郭部分由本丸、二丸和三丸构成。

"丸"也被称为"曲轮",在"城"还是山城的镰仓时代,必须将山顶铲平才能建郭,四周都变圆了,因此称为"丸"。

本丸是城中最重要的地方,城主居住在其中,它也是城主治理国家、运筹帷幄的中心。城中还有附属于本丸的二丸,城主的儿女近亲居住在此。三丸是重臣生活起居的地方,有时候也会在三丸设置粮仓和武器弹药库。

在城的设计上,本丸、二丸和三丸的组合十分重要。

自古以来有许多不同的组合方式,基本上有以下四种方式。

◇ 梯郭式:从三丸的大手向二丸、本丸前进,必须走阶梯,越往里面越高。这是山城或小丘上的平山城经常使用的设计,熊本城就属于这种设计。

◇ 环郭式:以本丸为中心,二丸和三丸环

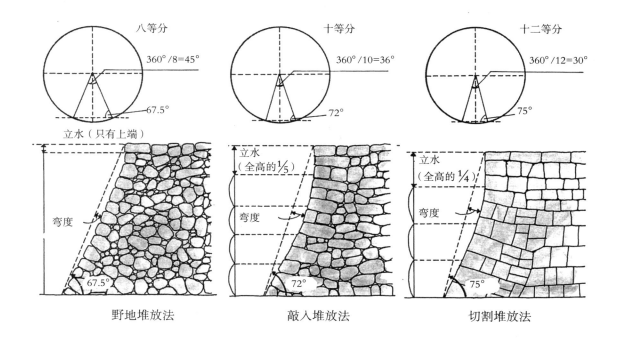

八等分　　　　　　　　　十等分　　　　　　　　十二等分

360°/8=45°　　　　　360°/10=36°　　　　360°/12=30°

67.5°　　　　　　　　72°　　　　　　　　75°

立水（只有上端）　　立水　　　　　　　　立水
　　　　　　　　　　（全高的 1/5）　　　（全高的 1/4）

弯度　　　　　　　　弯度　　　　　　　　弯度

67.5°　　　　　　　　72°　　　　　　　　75°

野地堆放法　　　　　　敲入堆放法　　　　　　切割堆放法

状围在外侧。常见于平山城和建在平地上的平城，大阪城就属于这种设计。

◇ 连郭式：从大手到三丸、二丸和本丸呈一直线的结构。平山城也有这种设计，但平城较普遍采用这种设计。诹访高岛城就属于这种形式。

◇ 涡郭式：从三丸开始，二丸和本丸皆以涡旋方式向内绕。平城也有这种设计，常见于平山城。江户城和姬路城都属于这种形式。

以上四种是基本型，实际的城郭设计经常会结合其中两种甚至三种形式。

在大城郭中，除了以上的本丸、二丸和三丸以外，还会设置山里丸（城主别墅所在地，为了赏月通常设在本丸的北侧至东侧）和西丸（位在本丸西侧，城主隐居时的宅第）。

三、石墙的形式

城中最有"城"的味道的，就是石墙。自从织田信长建造安土城后，大名纷纷在筑城工程上大显神通，加藤清正等人的家臣，有许多都是砌造石墙的专家（穴太）。

石墙所使用的石材都是火山岩系的安山岩、石英斑岩，深成岩系的花岗岩，以及变质岩系的片麻岩等。偶尔也用大理石（熊本县八代城）和绿片岩（和歌山城）。

从采石场运来的石头，通常按以下三种方式堆放。

·野地堆放法：由完全未经过加工的自然石

块直接堆起，是最古老的方法。古代和中世的石墙都采用这种方式构筑。从外观来看，石头之间的缝隙很大，似乎很容易倒塌，但雨水可以从缝隙流出来，不会积在石墙内，反而很坚固。

·敲入堆放法：将自然的石块堆起后，只将石墙表面的部分夯平，然后将小石头敲进石块的缝隙中。织田信长在安土筑城后，这种方法十分普及，桃山时代的城墙都采用这种方法构筑。

·切割堆放法：将石块切割成长、宽、高为2∶1∶1的长方体后堆放。石块之间几乎没有缝隙。石墙表面好像画了很多线，这些线被称为"目地"（接缝）。当横向"目地"很整齐时，就称之为"布积"。江户初期，"布积"的方法得到发展，江户城基本上就用的是这种方法。有些"目地"会呈六角形，被称为"龟甲积"，江户中期会刻意使用这种方法。

无论是野地堆放法、敲入堆放法还是切割堆放法，石墙转角处都要用切割成长、宽、高为3∶1∶1的长方体石块堆起。这种方法有点像是把中国发明的算筹堆在一起，因此被叫作"算木堆放法"。

使用不同堆放方法的石墙斜度不同。野地堆放的坡度是将圆形八等分后三角形底角的67.5度，敲入堆放为十等分后的72度，切割堆放为十二等分后的75度。必须注意的是，石墙下方至中央会有一个弯度，使上方与上端保持垂直，这被称为"立水"（与水平方向保持垂直）。堆放方法不同时，立水部分在整体中所占比例也不同，从侧面来看，和寺庙屋顶的"勾配"（斜度）很相似，因此被称为"寺勾配"。

随着堆放石块技术的发展，石墙上端比下端更为突出。从侧面来看，很像宫殿的屋顶斜度，因此被称为"宫勾配"；又像是张开的扇子，因此也被称为"扇勾配"。

参考文献

貝塚爽平　著『東京の自然史』　一九六四年　紀伊國屋書店

蔵田延男　著『東京の地下水』　一九六二年　実業公報社

菊地山哉　著『五百年前の東京』　一九五六年　東京史談会

都政史料館　編『江戸の発達』　一九五六年　東京都

野村兼太郎　著『江戸』　一九五八年　至文堂

千代田区役所　編『千代田区史』　一九六〇年　千代田区

村井益男　著『江戸城』　一九六四年　中央公論社

内藤昌　著『江戸と江戸城』　一九六六年　鹿島出版会

西山松之助　編『江戸町人の研究1』　一九七二年　吉川弘文館

西山松之助、芳賀登　編『江戸三百年1』　一九七五年　講談社

水江漣子　著『江戸市中形成史の研究』一九七七年　弘文堂

諏訪春雄、内藤昌　著『江戸図屏風』　一九七二年　毎日新聞社

鈴木理生　著『江戸の川・東京の川』　一九七八年　日本放送出
　　版協会

松崎利雄　著『江戸時代の測量術』　一九七九年　総合科学出版

武田通治　著『測量—古代至現代』　一九七九年　古今書院

堀越正雄　著『日本の上水』　一九七〇年　新人物往来社

堀越正雄　著『井戸と水道の話』　一九八一年　論創社

黒木喬　著『明暦の大火』　一九七七年　講談社

平井聖、河東義之　著『日本の城』　一九六九年　金園社

伊藤ていじ　著『城——築城の技法と歴史』　一九七三年　読売
　　新聞社

藤岡通夫　著『日本の城』（改訂増補版）　一九八〇年　至文堂
内藤昌　著『城の日本史』　一九七九年　日本放送出版協会

还有适合中、小学生阅读的——
内藤昌　著『城なんでも入門』　一九八〇年　小学館

后记之一

穗积和夫

　　在着手画这本书时，我内心的确倍感不安。暂且不谈小村庄或小部落，规模宏大的一国之都的形成，是否可以用绘画的方式来表达？我十分了解内藤大师的构想，也被他的文章所吸引，又获得责任编辑平山礼子女士的大力协助和鼓励，虽然明知道画起来并非易事，但想要用充满趣味的方式画这本书的意愿愈来愈强烈。

　　参考古代的绘画、屏风绘和相关记录，以综合的、多角度的插图加以表达，就像在翻译古文一样，不仅困难，还有相当程度的冒险。但另一方面，正因为至今为止从来没有人做过这份工作，用我的双手创造一个全新的认识角度，对插画家而言是极富魅力的大挑战。虽然至今仍然无从得知《江户图屏风》的原创者，但其恢宏而细腻的描写，实在令我深感钦佩。

　　我在东京的下町长大，对江户町有一份关心和执着，但在实际进行这项工作时，才知道自己的才疏学浅。在登上东京铁塔，漫步在皇居本丸公园和上野山内，在古地图中徘徊，熟悉屏风绘的每一个人物之后，我觉得自己对江户有了全新的认识。这份新鲜的感动也成为我投入这份工作的巨大原动力。我衷心感谢这份机缘。

后记之二

内藤昌

　　摩天大楼林立的东京，汇集了现代科学技术的精髓，充分展现其繁荣。为了追求人类的幸福，人类花费漫长的岁月发展科学技术，应用科学技术所建立的都市规划，在建设人类生活环境上发挥了决定性的作用。

　　然而，都市规划并非绝对安全，也无法永久保障良好的生活环境。人们只不过是在不断试错中努力让环境变好一点。绝对不能一味沉溺在先进技术中。

　　江户町的历史告诉我们这个教训。人类愈是掌握先进的技术，就愈容易沾沾自喜。这种沾沾自喜往往让人饱尝地狱般的痛苦。

　　本书介绍江户的建设过程，在如人间炼狱般的明历大火后画上句点。如果江户从此成为一片废墟，就不可能有今天的东京。东京就像一只火凤凰般获得重生，之后，又孕育了歌舞伎和浮世绘等称傲世界的江户文化。这些过程将在下册中加以介绍。

　　本书是我汇集自己的各项研究成果编写而成的。想要进一步详细了解，请参阅相关的参考文献。

1981 年 9 月

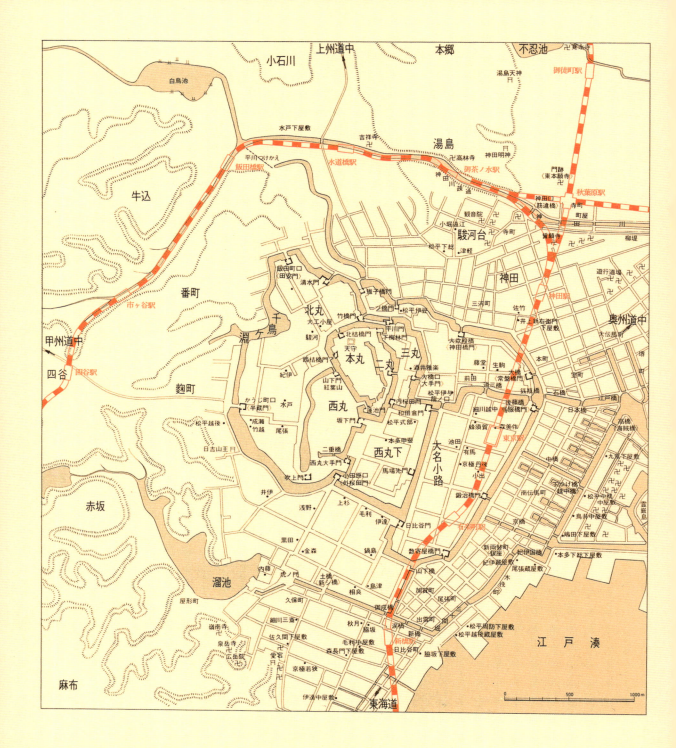

江户第三次建设

1632 年（宽永九年）左右——根据《武州丰岛郡江户庄图》

< > 内是别称或后来的名称

━━━━ 是现在的 JR

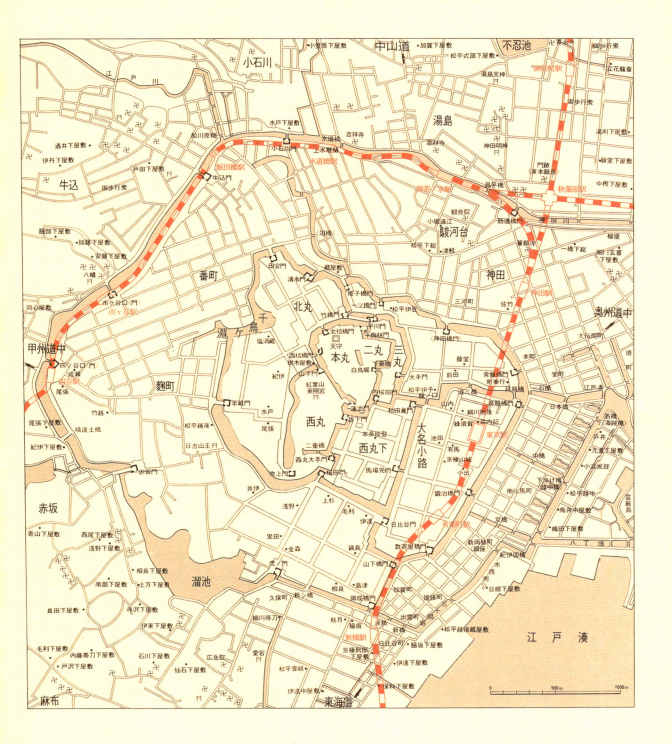

江戸第四次建设

1644 年（正保元年）左右——根据《正保年间江户绘图》